Dieter Fringeli

Dichter im Abseits

Schweizer Autoren von Glauser bis Hohl

Artemis Verlag Zürich und München

© 1974
Artemis Verlag Zürich und München
Satz und Druck: Buchdruckerei Stäfa AG, Stäfa
Einband: Graphischer Betrieb Benziger, Einsiedeln
Printed in Switzerland
ISBN 3 7608 0339 3

Inhalt

Die große Unruhe

Im April 1970 warf die Schweizer Bücherzeitschrift «Domino» die Frage auf, ob es «im Bewußtsein des Deutschen überhaupt so etwas wie eine ‹Schweizer Literatur›» gebe. Der in Göttingen lehrende Schweizer Germanist Jacob Steiner, der «ganz besonders berufen» sei, über das «Image der Schweizer Literatur in Deutschland» Auskunft zu geben, klärt uns über die Identität der in der Bundesrepublik gelesenen Schweizer Autoren auf: «Fragt man sich, was denn überhaupt vom literarisch interessierten Publikum aufgenommen wird, dann reduziert sich die Schweizer Literatur, von der ohnehin nur der deutschsprachige Teil in Erscheinung tritt, auf einige Namen.»
Jacob Steiner berichtet, daß ein «mitten im Geschäftsbetrieb überfallener Buchhändler in einer deutschen Universitätsstadt einzig die Namen Dürrenmatt, Frisch, Bichsel und Muschg zu nennen» wisse. Neben diesen Autoren seien «noch Hans Boesch, Hugo Loetscher, Walter Vogt und Otto F. Walter über geschlossene Kreise hinaus bekannt geworden». «Otto Wirz und Werner Zemp stehen in den Regalen der Buchhändler. Friedrich Glauser muß man extra bestellen.» Die Schweizer Lyrik gelange überhaupt «nicht über die Grenze hinweg; selbst die von der konkreten Poesie angesprochenen Leser wissen nicht, daß Gomringer seine ‹konstellationen› etliche Jahre vor ähnlichen graphischen Sprachversuchen eines Heißenbüttel publiziert hat». Steiner gelangt zu dem etwas resignierten Schluß: «Was… den Kulturbetrieb angeht, ist in der Bundesrepublik die vorgefaßte Meinung von der biederen Eigenständigkeit der Schweiz, die durch einzelne Ereignisse aus ihrem Dämmer erschreckt werde und darauf wieder in ihn zurücksinke, kaum zu erschüttern.»
Es wäre falsch, die ausländischen, die bundesdeutschen Literaturkritiker allein für diesen Zustand verantwortlich zu machen. Spätestens seit der Publikation von Kurt Martis Studie «Die Schweiz und ihre Schriftsteller – die Schriftsteller und ihre Schweiz» (1966) wissen wir, mit welch widrigen Umtrieben sich der Schweizer Schriftsteller unseres Jahrhunderts stets

auch in der eigenen Heimat konfrontiert sah. «Ich habe ein
Leben wie ein Hund!», klagt der Berner Hans Morgenthaler
(1890–1928): «So werde ich nie und nimmer gesund! / So ist's
in der freien Schweiz: / Elend eng und kein Bücherabsatz.»
Die Schweiz scheint für ihre besten Autoren in der Tat ein
Krankheitserreger zu sein. Ist es ein Zufall, daß sich die begabtesten Schweizer Schriftsteller in Helvetien nicht heimisch
fühlen konnten? Ist es ein Zufall, daß die bedeutsamen Autoren
der Robert-Walser-Generation schon in jungen Jahren dahin-
starben? (Karl Stamm starb mit 29 Jahren, Paul Haller und
Hans Morgenthaler starben mit 38 Jahren, Friedrich Glauser
starb mit 42, Albin Zollinger mit 46, Cäsar von Arx mit 54;
Jakob Schaffner und Otto Wirz erreichten ein Alter von 69
Jahren.)
Die «große Unruhe» (Zollinger) quälte sie ein Leben lang. Sie
sind unglückselige Ausreisser und Durchbrenner; dem schweizerischen Alltag stehen sie hilflos gegenüber; sie machen einen
verhetzten Eindruck. Ratlos und völlig «verunsichert» begegnen sie den bürgerlichen Konventionen. Ihre Ausbruchsversuche schlagen fehl. Sie können sich letztlich nicht von ihrer
Heimat lösen. Aus der Fremde kehren sie immer wieder zurück
in die verhaßte helvetische Enge. (Das Wort «Enge» ist im
Hinblick auf die schweizerische Kunst und Literatur in den
vergangenen Jahren nachgerade zu einem Modewort geworden.) Aus der Fremde freilich bringen diese Autoren ihre besten Arbeiten und ihre tiefsten Erfahrungen mit – Walser aus
Berlin, Glauser aus der französischen Fremdenlegion, Morgenthaler aus dem siamesischen Dschungel, Schaffner aus dem
großdeutschen Reich, Ludwig Hohl aus Holland, aus Frankreich, aus Genf. Albin Zollingers Roman «Die große Unruhe»
(1939) spielt in Paris. Diese Romanüberschrift charakterisiert
nicht nur die von den politischen und sozialen Spannungen geprägten autobiographischen Künstlerromane Zollingers; diesen
Titel könnte man als Leitwort über eine Betrachtung der
schweizerischen Literatur des 20. Jahrhunderts setzen. Die
«große Unruhe» bestimmt sowohl das Verhalten von Otto
Wirz' Hans Calonder (in «Gewalten eines Toren», 1923) wie
von Otto F. Walters Herrn Tourel («Herr Tourel», 1962).
Die Werke der besten schweizerischen Autoren sind in thematischer Hinsicht «hochgradig unschweizerisch» (Friedrich

Glauser). Es fällt gewiß nicht schwer, Walser und Glauser, Zollinger und Frisch, Hans Boesch, Otto F. Walter und Jörg Steiner aufgrund ihrer Wortwahl und ihrer syntaktischen Eigenheiten als schweizerische Staatsbürger zu «entlarven». Einige mundartliche Ausdrücke aber machen aus dem Roman eines Schweizers noch lange keinen «Schweizer» Roman. Wir bezeichnen schließlich die Romane von Günter Graß auch nicht als «Danziger» Romane; wir verzichten auch darauf, Graß als einen «Danziger» Autor zu betrachten. Die (deutsch-)schweizerischen Autoren sind denn auch in erster Linie *deutschsprachige* Autoren. Es gibt keine autonome, keine «typische» schweizerische Literatur.

Es fällt freilich auf, mit welcher Hartnäckigkeit die meisten deutschen Literaturkritiker die schweizerische Literatur stets zu isolieren versuchten. Während die österreichische Literatur längst in den großdeutschen Literaturkomplex eingegliedert wurde, gilt die schweizerische Literatur als ein selbständiges, unabhängiges Phänomen. Weder Georg Trakl noch Paul Celan oder Ingeborg Bachmann, weder Erich Fried noch Ilse Aichinger oder Peter Handke wurden von der deutschen Literaturkritik je als typische österreichische Erscheinungen innerhalb der deutschen Literatur behandelt. Ein Autor schweizerischer Herkunft hingegen wird von den maßgebenden bundesdeutschen Literaturkritikern stets als «Schweizer Autor» vorgestellt. Die Bücher eines Schweizers werden zuweilen wie die Bücher eines fremdsprachigen Autors, wie die Bücher eines «Ausländers» rezensiert.

K. H. Kramberg besprach Beat Brechbühls Roman «Kneuß» (1970) bezeichnenderweise unter dem Titel «Ein schweizerischer Taugenichts». Was stellt sich dieser Kritiker bloß unter einem «schweizerischen» Taugenichts vor? Benimmt sich ein schweizerischer Taugenichts grundsätzlich anders als ein bundesdeutscher oder ein französischer Taugenichts? Die 21. «Lieferung» der von Elisabeth Borchers, Günter Graß und Klaus Roehler im Luchterhand Verlag herausgegebenen Loseblatt-Lyrik trägt den Titel «Schweizer Gedichte». Durch diese Überschrift sind die Verse von vornherein eingestuft und schubladisiert. Wie sieht ein «Schweizer» Gedicht aus? Es mutet so an, als ob das Loseblatt-Gremium bei Luchterhand den Lesern unter dem Reizwort «schweizerisch» einige harmlose lyrische

Errungenschaften aus der literarischen Provinz habe vermitteln wollen. Keines der ausgewählten Gedichte rechtfertigt die Überschrift.

Das Jahr 1933 ist auch für die Schweiz, für die schweizerische Literatur ein Schicksalsjahr. 1933 begann auch innerhalb des schweizerischen Schrifttums die Zeit der Fehleinschätzungen. Die Tage der «hochgradig unschweizerischen» Autoren waren gezählt. Ihre Bücher wurden nicht mehr aufgelegt; sie wurden in den Schatten der «vaterländischen» Autoren gedrängt. Die schweizerischen Kulturmacher besannen sich in der Zeit der «geistigen Landesverteidigung» auf die «eigenen Werte». Die Dialektschriftsteller erlebten fette Jahre. Einige Mundartdichter gelangten zu grandiosem Ansehen (Rudolf von Tavel, Meinrad Lienert, Josef Reinhart, Simon Gfeller). Im Windschatten dieser bedeutungsvollen Autoren errangen aber auch zahlreiche zweit- und drittrangige Poeten (unverdiente) Triumphe. Diese mediokren Verseschmiede brachten die ganze Zunft in Misskredit. Die Tatsache schließlich, daß namhafte Mundartschriftsteller mit dem Nationalsozialismus zu flirten begannen, rückte die schweizerische Mundartdichtung vollends in ein schiefes Licht. Sie hat ihre ursprüngliche Glaubwürdigkeit bis auf den heutigen Tag nicht zurückgewonnen. Im Jahr 1945 hätte in der Schweiz eigentlich die Stunde der über Jahrzehnte hinweg mißachteten tragischen Unruhegeister schlagen müssen – die Stunde Robert Walsers, Friedrich Glausers und Albin Zollingers, Otto Wirz', Hans Morgenthalers und Ludwig Hohls. Niemand aber schien sich dieser verstoßenen Querschläger zu erinnern, aus deren Werken man gerade in der «Stunde Null» einen nachhaltigen moralischen Gewinn hätte ziehen können. Morgenthaler (Todesjahr 1928), Glauser (1938) und Zollinger (1941) waren tot; Walser hatte sich 1929 in eine Nervenheilanstalt zurückgezogen; die schöpferischen Kräfte des Lyrikers Siegfried Lang (1887–1970) waren nach der Publikation des Sammelbandes «Vom andern Ufer» (1944) gebrochen; Wirz starb 1946; Hohl war gewissermaßen außer Reichweite.

Der Artemis-Verleger Friedrich Witz publizierte zwar während der nationalsozialistischen Ära und unmittelbar nach dem Zweiten Weltkrieg einige Bücher von Friedrich Glauser (darunter «Beichte in der Nacht», 1945); ein wirklicher Erfolg aber war nur der (hervorragenden) Verfilmung des Romans «Wachtmeister Studer» durch Leopold Lindtberg beschieden. Glausers Bücher wurden kaum beachtet oder als simple Kriminalgeschichten mißverstanden.

Welche Bücher las der Schweizer nach 1945? Er hielt sich an einige bewährte Namen, an den Wahlschweizer Hermann Hesse, an Thomas Mann. Der einzige schweizerische Schriftsteller, dessen Werke eifrig verschlungen wurden, war wohl der «Via Mala»-Autor John Knittel. Ihm trug man seine Anbiederungen an das braune Deutschland nicht nach. Jakob Schaffner aber, einer der profiliertesten schweizerischen Epiker nach Gottfried Keller, wurde gleichsam liquidiert.

Der helvetische Atemraum hatte sich nach 1933 zusehends verkleinert. Während des Zweiten Weltkriegs vollends waren alle Ausbruchs- und Fluchtversuche von vornherein zum Scheitern verurteilt. Die gespenstische schweizerische Enge demoralisierte und erschöpfte die begabtesten Schweizer Autoren. Das Schicksal des Lyrikers Alexander Xaver Gwerder (1923–1952) unterstreicht, in welch heilloser Absorbierung und Verkrampfung die schweizerischen Künstler und Schriftsteller auch nach 1945 lebten. Das Auftreten von Max Frisch und Friedrich Dürrenmatt setzte innerhalb des schweizerischen Schrifttums neue belebende Akzente. Da sich die Aufmerksamkeit des Publikums aber ausschließlich auf diese beiden Gestalten konzentrierte, verlor es die bedeutenden Autoren aus der Vorkriegszeit vollends aus den Augen. Bis zur Publikation der ersten Bücher von Otto F. Walter («Der Stumme», 1959), von Hans Boesch («Das Gerüst», 1960), von Peter Bichsel («Eigentlich möchte Frau Blum den Milchmann kennenlernen», 1964), von Hugo Loetscher («Abwässer», 1964), von Adolf Muschg («Im Sommer des Hasen», 1965) und von Jörg Steiner («Ein Messer für den ehrlichen Finder», 1966) symbolisierten Frisch und Dürrenmatt die schweizerische Literatur des 20. Jahrhunderts. Dürrenmatt schrieb Kriminalromane nach Friedrich Glausers Manier («Der Richter und sein Henker», 1950; «Der Verdacht», 1951); Max Frisch bekannte sich stets wieder zu seinem verehrten Vorbild Albin Zollinger: «– er öffnet Fenster der Sprache, Ausblicke in das Wunder des Unerwarteten, Urland des dichterischen Wortes... Seine Sprache zu hören, flößt Mut in die Verzweiflungen unsres eignen Lebens hinein. Ich wüßte nicht, was man Rühm-

licheres von einem Dichter sagen könnte! Man lese Zollinger...
als Sprachschöpfer, um das Wundern zu lernen.» Niemand schien
diese Hinweise auf die Wegbereiter der modernen schweizе-
rischen Literatur zu beachten.

In den frühen fünfziger Jahren setzte die hektische Wiederentdeckung des literarischen Expressionismus ein. In diesen Jahren
wurde auch der Schweizer Robert Walser «wiederentdeckt». Er
ist der einzige Schweizer Schriftsteller seiner Generation, der im
ganzen deutschen Sprachgebiet zur Kenntnis genommen und
respektiert wird. Man bestaunte ihn mit einemmal als einen der
wichtigsten Vorläufer von Franz Kafka.

Der Wiederentdeckungseifer packte auch einige namhafte
schweizerische Literaturwissenschafter, Literaturkritiker und
Verleger. Robert Walser wurde mit einer allzu wuchtigen (un-
walserschen) Gesamtausgabe geehrt. Staatliche Institutionen
ermöglichten die Publikation der «Gesammelten Werke» von
Albin Zollinger (1961/62). Gleich vier Geldgeber wurden bemüht, um die Edition zweier Romane von Otto Wirz zu ermög-
lichen («Rebellen und Geister», 1965; «Gewalten eines Toren»,
1969). Die Stiftung Pro Helvetia, die Regierung des Kantons
Zürich und der Stadtrat von Zürich förderten die Herausgabe
des lyrischen Werks von Werner Zemp (1967). Es ist paradox,
daß ausgerechnet die Bücher von Autoren, die ein Leben lang
mit dem Staat haderten, nur mit Hilfe der Eidgenossenschaft
erscheinen können! Auch die monumentalen literaturwissen-
schaftlichen Studien von Werner Günther («Dichter der neueren Schweiz», 1963 und 1968) und von Guido Calgari («Die
vier Literaturen der Schweiz», 1966) wären ohne staatliche
Zuschüsse kaum erschienen.

Wer liest diese monströsen Staats-Ausgaben? Schon die äußere
Erscheinung dieser Bücher wird einen jungen Leser irritieren.
Die Bände sind für Fachleute bestimmt, für Spezialisten. Warum verzichtet man darauf, unsere Vorkriegsautoren etwas ein-
fallsreicher, etwas feinfühliger zu präsentieren? Die Herausgeber machen es sich zu leicht. Es ist einfach nicht damit getan,
einem über Jahrzehnte hinweg unzugänglichen, ja verschollenen Autor eine unhandliche und kostspielige Klassikeraus-
gabe zuzuerkennen. Durch ihre Beförderung zu helvetischen
«Klassikern» scheinen Walser und Zollinger, Wirz und Zemp
endgültig erledigt und abgeschrieben zu sein. Auch Meinrad

Inglin ist längst zu einem «Klassiker» geworden, zu einem «noblen Gerücht» (Werner Weber). In einem Aufsatz über unser Verhältnis zu den Schweizer Autoren der Robert-Walser-Generation gelangt Werner Weber zum Schluß: «Zu den paar Nicht-Abgeschriebenen gehören Albin Zollinger, Ludwig Hohl, Friedrich Glauser – wer hat sie aufgenommen, außer (buchstäblich) dem Namen nach?» Zu den «Nicht-Abgeschriebenen» gehören gewiß auch Otto Wirz und Rudolf Jakob Humm; aber auch sie wurden von der schweizerischen Leserschaft höchstens dem Namen nach «aufgenommen». Warum sind unsere Literaturbeflissenen so eifrig darum bemüht, diese Autoren zu entaktualisieren und zu Dissertationsthemen zu degradieren? Sind diese Ruhestörer noch immer gefährlich? Wir sollten uns nicht zu heftig darüber beklagen, daß im deutschsprachigen Ausland nur wenige Schweizer Schriftsteller «über geschlossene Kreise hinaus» bekannt sind. Wie soll ein Autor «über die Grenze hinweg» gelangen, wenn er in seiner Heimat kaum existent ist!

Die deutschsprachige Literatur in der Schweiz ist nicht reich an gewichtigen epischen Werken. Aus diesem Grund können wir nicht auf die Prosabücher von Jakob Bührer, von Friedrich Glauser, von Ludwig Hohl, von Rudolf Jakob Humm («Die Inseln»), von Jakob Schaffner, von Albert Steffen, von Robert Walser, von Otto Wirz, von Albin Zollinger verzichten. Viele Werke dieser Autoren aus dem «expressionistischen Jahrzehnt» erscheinen in unseren Tagen zum ersten Mal. Unsere Literaturwissenschafter sollten diese Schriftsteller nicht mehr als historische Gestalten behandeln; sie sollten sie endlich als kritische Zeitgenossen anerkennen. Nach dem Schicksal, das ihnen widerfuhr, hätten sie eigentlich eine zuvorkommende Behandlung verdient. Die Lust an der Lektüre ihrer Bücher sollte uns aber nicht durch unerschwingliche Gesamtausgaben und durch ermüdende professorale Vor- und Nachworte vergällt werden.

Ein helvetisches Ärgernis

Das Tabu Jakob Schaffner

«Sicher ist es weltplanmäßig kein Zufall, daß der Führer des neuen Reiches eine Baumeisterseele hat. Ob es nun dieser gigantische Aufmarschplatz ist, das Werk der Reichsautobahnen, die neue Kriegsflotte, hinter der das Volk sicher wohnen soll, die Volksarmee, die ihm wieder Ansehen und seinem Recht Nachdruck verleihen wird, das Sozialwerk, sozusagen die Krypta, auf welcher der ganze Bau ruht, die neue Struktur des Staates, die SA, die Hitlerjugend, das Winterhilfswerk, der neue Seelenaufbau der NS-Kulturgemeinde, die Arbeitsfront, das Werk ‹Kraft durch Freude›, der Arbeitsdienst: es ist alles aus demselben Geist und im gleichen Sinn entstanden! Hier will ich ketzerisch reden. Ob das nun nationalsozialistisch ist oder nicht, spielt mir dabei die kleinste Rolle. Ausschlaggebend ist mir die Antwort auf die Frage: ‹Wird hier aus Volk für Volk gebaut und geschaffen oder nicht?› Und noch eine Ketzerei: Auch nicht das ‹Deutsche› an diesem Werk ist es zuletzt, was mich fesselt und beglückt, sondern es ist die rücksichtslose Gemeinschaft, die mein altes Schweizerherz erwärmt und meine aus tiefen Zeiten herauf ererbte Witterung für das heilige ‹Alle-für-Alle› magnetisch anzieht.»
Diese «ketzerischen» Sätze stammen aus der Feder des Schweizer Schriftstellers Jakob Schaffner. Sie sind in die von der Reichsschrifttumskammer herausgegebene «Festschrift zur Woche des Deutschen Buches 1937» («Weimarer Blätter») eingegangen. Der im Jahr 1875 in Basel geborene Schaffner figuriert in dieser Festschrift neben den angesehensten und gefeiertsten Autoren des großdeutschen Reiches, neben Hanns Johst, Josef Weinheber, Wilhelm Schäfer, Hermann Stehr, Hans Carossa, Josef Martin Bauer, Friedrich Schnack.
Jakob Schaffner erlebte während der nationalsozialistischen Ära phänomenale Erfolge. Die deutschen Literaturkritiker interpretierten ihn als einen Schilderer echten Deutschtums. Der für das «heilige ‹Alle-für-Alle›» schwärmende Schaffner ließ sich mißbrauchen. Er verließ die Schweiz; in Deutschland wurde er von den braunen Machthabern verhätschelt. Er war

Mitglied der Deutschen Dichterakademie und Präsident des Verbandes deutscher Erzähler. Als führendes Mitglied der schweizerischen «Nationalen Front» bereiste er seine Heimat, hielt flammende Reden über die neue, herzerwärmende «rücksichtslose Gemeinschaft». Er plädierte für eine «neue schweizerische Volksgemeinschaft». Er bezeichnete sich unverhohlen als Nationalsozialist.

Man darf freilich nicht außer acht lassen, daß Schaffner sich nie für einen Anschluß der Schweiz an das Dritte Reich eingesetzt hat. Im Gegenteil! Im Jahr 1936 gab er zu bedenken: «Wenn ein militärischer Angriff des Dritten Reiches auf die Schweiz... Wirklichkeit würde, also als reiner Willkürakt des Dritten Reiches, so würde ich mir... das beste Gewehr verschaffen, das zu bekommen wäre, und würde damit so gut und so schnell auf diese Deutschen schießen, wie ich könnte. Im übrigen würde ich Nationalsozialist bleiben.» Und in seiner Rede «Die schweizerische Eidgenossenschaft und das Dritte Reich» (1939) versicherte er: «Niemand von uns will zum Dritten Reich. Auch ich habe nicht die deutsche Nationalität nachgesucht, trotz der tiefen und schicksalhaften Freundschaft, die mich mit dem deutschen Volk verbindet.» Man darf auch nicht außer acht lassen, daß er der «Nationalen Front» im Jahr 1938 den Rücken kehrte und daß er auf die Mitgliedschaft bei der NSDAP verzichtete.

Der schon in seiner Kindheit Verschupfte suchte ein Leben lang nach einer bergenden Heimstätte, nach einem – Vater: «Wie ein leise zehrendes und sengendes Feuer umblühte mich auf einmal die Sehnsucht nach meinem Vater», schreibt er im autobiographischen Roman «Die Jünglingszeit des Johannes Schattenhold» (1930). «Ich hatte gedacht, die ganze Menschheit würde mein Vater sein und besonders die Schweiz, von der ich so hohe Begriffe hatte. Statt dessen sah ich die Welt in Familien und Vereine aufgeteilt. Kleine Eigentümchen hatten ihre geharnischten Verteidiger. Hinter jedem Rechtchen stand die öffentliche Gewalt. Und von mir und meinesgleichen war herzlich wenig die Rede. Manchmal war es mir, als könnte ich mich mit meinem höchsten Vater, Gott, trösten, von dem beinahe ebensowenig im Ernst die Rede war.»

Die nationalsozialistische «Lehre» schließlich gab dem entwurzelten, dem labilen Schaffner den ersehnten Rückhalt. Schon als Schüler des Waisenhauses Beuggen und als Schusterlehrling in Basel sah er sich den «Ausbeutern» ausgeliefert. Er sehnte sich nach sozialer Gerechtigkeit. Das «Sozialwerk» des Nationalsozialismus («sozusagen die Krypta, auf welcher der ganze Bau ruht»!) vermochte den an der bürgerlichen Gesellschaftsordnung Verzweifelten zu begeistern. Er bildete sich ein, daß «hier aus Volk für Volk gebaut und geschaffen» werde und daß der Nationalsozialismus der «in Familien und Vereine» aufgeteilten Welt ein Ende bereiten würde.

Schaffner war ein naiver, ein durchaus unpolitischer Mensch. Seine politischen Bekenntnisse sind von einer geradezu rührenden Borniertheit. Albin Zollinger erkannte schon früh, daß das politische Engagement des Exzentrikers Jakob Schaffner in erster Linie als Reaktion auf die gesellschaftspolitischen «Zustände im Vaterland» zu interpretieren ist. In seinem «Offenen Brief an Jakob Schaffner» schrieb Zollinger: «Reden wir zunächst nicht von Deutschland, reden wir von dem, was uns eher angeht, von dem, was bei uns selber nicht Wohlgeruch ist. Sie haben, Jakob Schaffner, sozusagen alles aufgezählt, was einigen von uns andern an den Zuständen im Vaterland ebenso verhaßt ist. Nicht allein jener Saal voll mehr oder weniger jugendlicher Frontisten weiß um die faulen Stellen unseres Staatskörpers. Bei Gott, Sie haben zu fünf Sechsteln Ihres Vortrages wie ein Kommunist geredet, es klang mir bekannt ans Ohr in diesem Saale, in welchem nur die Fahne gewechselt werden muß wie ein Vorzeichen vor der Relativität der Wahrheiten.»

Paul Nizon wiederum deutet (in «Diskurs in der Enge», 1970) die politischen Entgleisungen Jakob Schaffners als eine «Flucht in den Landesverrat». Gewiß, Schaffners Bekenntnis zum Nationalsozialismus kann man getrost als Flucht bezeichnen – als Ausbruchsversuch aus der helvetischen «Enge». Es ist aber grundsätzlich falsch, Schaffner als Landesverräter zu proklamieren. Die meisten seiner Kritiker übersehen auch, daß die Ausfälle von C. F. Ramuz, von Albin Zollinger, von Ludwig Hohl, Hans Morgenthaler, Otto Wirz, Max Frisch oder Friedrich Dürrenmatt gegen die Schweiz nicht hinter den resolutesten Schweiz-Beschimpfungen Schaffners zurückstehen.

Schaffner freilich war zweifellos sendungs- und selbstbewußter als seine Kollegen. Er fühlte sich durch die Eigenart und das Verhalten der schweizerischen Bürgerschaft persönlich gekränkt, beleidigt und herausgefordert. Seine Liebe zur Schweiz war eine unglückliche, eine verzweifelte Liebe. Der Vaterstadt Basel, der «Besitzerin seiner Sehnsucht», rief er zu: «Auf mich kannst du dich verlassen, ich nicht auf dich!» Der verschmähte Liebhaber führte einen blinden Kampf um die Anerkennung durch seine Heimat. Er bildete sich ein, die Eidgenossenschaft von allen «faulen Stellen» befreien zu können. Er preist die vorbildliche Gesinnung der alten helvetischen Helden; zur makellosen Lebenseinstellung jener großen Krieger müsse der Schweizer des 20. Jahrhunderts wieder zurückfinden... Es ist allerdings unbegreiflich, daß der Historiker Schaffner die Bestrebungen der alten schweizerischen Freiheitskämpfer offenbar nicht vom heldischen Gebaren der nationalsozialistischen Führer zu unterscheiden vermochte.

In mehreren Büchern nämlich erweist sich Schaffner als ein bemerkenswerter, sensibler Geschichtsschreiber und Geschichtsdeuter. Mit seiner «Geschichte der schweizerischen Eidgenossenschaft» (1915) verlieh er der schweizerischen Geschichtsforschung wesentliche, belebende Impulse. In seinen historischen und volkskundlichen Arbeiten begeistert er sich mit gewinnender Unverhohlenheit für die trotzigen, vierschrötigen helvetischen Kämpen. Das «Heldenhafte» sei die «positive Seite» des Menschen. Seine Erzählung «Der Gang nach Sankt Jakob» (1937) ist ein Hoheslied auf den männlichen Kameradschaftsgeist und die heldenhafte, selbstlose Einsatzbereitschaft. Er beschwört das «hell flammende» Zeichen «des neuen Willens im Land» – «das durchgehende lichtweiße Kreuz im blutroten Quadrat»: «Wo dies Zeichen erscheint, da erscheint der Tod für feudale Volksfeinde, erscheint die Brandfackel für Schlösser und Burgen, erscheint die Freiheit für den arbeitenden Mann aus dem Volk, Bauer oder Handwerker, erscheint kühnes, stolzes Leben durch alle Gaue.»

Schaffners Bekenntnis zu diesem «wildschönen Zeichen» ist ein kompromißloses Plädoyer für soziale Gerechtigkeit und für die absolute «Volksfreiheit». Wenn der Feind der «Volksfreiheit» erscheint, «so gibt es überhaupt nur zwei Denkarten: eine mannhafte und eine memmenhafte». Die eidgenössischen «Heimatkrieger» halten «die Hellebarde im Arm wie ein Liebchen»; ihr Kampf gilt den Schloßherren, den Blutsaugern; die Freiheitskämpfer wissen, daß nur «tote Grundherren... gute

Grundherren» sind: «Hans wüßte einige falkensteinische Äcker, die er zur Ergänzung seiner eigenen wohl brauche könnte, und für die bisherigen hätte er dann weder Pacht noch Fron mehr zu leisten. Diese neue Fahne hat ihren Sinn.» In seinen historischen Schriften erweist sich Schaffner als ein militanter Patriot.

In seinem Buch «Heimat und Fremde. Ein Kapitel ‹Tragische Literaturgeschichte› in der Schweiz» gibt Hans Bänziger zu bedenken: «Im Zeitalter der Despotie konnte und durfte sich ein Dichter weniger Ambivalenz gestatten; wenn es um Freiheit und politische Würde ging, war das Gebot zur Entschiedenheit absolut, war der Hang zum Fremden... verhängnisvoll. Es war ein kaum entschuldbarer Fehler, die Versprechungen des Dritten Reiches als bare Münze zu nehmen, wo man es mit Falschmünzern zu tun hatte. Das galt auch für Knut Hamsun. Verglichen mit dem Verrat des großen Norwegers... nimmt sich Schaffners illusionsreiche Vermittlerrolle allerdings beinahe harmlos aus; Schaffner schrieb denn doch nicht während einer Besetzung durch deutsche Truppen für eine Quisling-Regierung!... Hamsun ist, von Norwegen und der ganzen Welt, der Prozeß gemacht worden, Schaffner nicht; er wird bei ihm, inoffiziell und verhalten, vom Volksgefühl nachgeholt. Wir sind diese Verlegenheit noch nicht losgeworden.»

In diesem vom «Volksgefühl» vollzogenen Prozeß wurde der Fall Jakob Schaffner simplifiziert. Die «ganze Welt» hat Knut Hamsun, Ezra Pound, Felix Timmermans, Gottfried Benn und Gerhart Hauptmann ihre fatalen politischen Fehltritte verziehen. Jakob Schaffner aber ist dem Volkszorn zum Opfer gefallen; seine Rehabilitierung wird stets wieder aufgeschoben. Seit Jahrzehnten spielt er in der schweizerischen Literaturgeschichte die Rolle des verlorenen Sohnes. Auch die Tatsache, daß er seine unrühmlichen politischen Seitensprünge bei einem Bombardement in Straßburg (1944) mit dem Leben bezahlen mußte, vermochte die schweizerischen Literaturwissenschafter, Literaturkritiker und Verleger nicht gnädig zu stimmen. Schaffner ist gewissermaßen tabu; er ist ein geächteter Mann. Ein junger Leser kennt diesen Autor kaum mehr dem Namen nach. Kann die schweizerische Literatur auf seine Bücher, auf seine autobiographischen Romane verzichten?

Selbst seine erklärten Gegner gestehen ihm zu, daß er die sprachkräftigsten schweizerischen Entwicklungs- und Bildungsromane seit Gottfried Kellers «Grünem Heinrich» geschrieben hat. Seine «Johannes»-Trilogie («Johannes», 1922; «Die Jünglingszeit des Johannes Schattenhold», 1930; «Eine deutsche Wanderschaft», 1933) zeugt von seiner erlesenen Feinsinnigkeit gegenüber den entscheidenden und bohrenden Lebensfragen eines vereinsamten Kindes, eines pubertierenden Jünglings. Die Romane «Johannes» und «Die Jünglingszeit des Johannes Schattenhold» enthalten poetische Porträts von berückender Sensibilität. Viele Literaturwissenschafter wurden nicht müde, Schaffner in ein Abhängigkeitsverhältnis zu Jeremias Gotthelf, zu Gottfried Keller zu drängen. Auf diese Weise versuchten sie sich wohl einer Auseinandersetzung mit seiner Romanwelt zu entziehen. Seit Gotthelf und Keller hat aber in der Tat kein Schweizer Epiker so einprägsame, scharf konturierte Romangestalten geschaffen wie Jakob Schaffner.

Der Protagonist Johannes Schattenhold, das Ebenbild Jakob Schaffners, lebt in heillosen Spannungsfeldern. Seine Kindheit schon verbringt er im unheimlichen Spannungsfeld zwischen Protestantismus und Katholizismus – zwischen seinem schweizerischen Vater und seiner deutschen Mutter. Der Vater ist außerdem der Inbegriff des bescheidenen, duldsamen Dieners; er bestellt den Garten des vornehmen Pfarrers mit vorbildlicher Gewissenhaftigkeit. Er ist der Typ des geduldigen und wortkargen, des pflichtbewußten und vertrauenerweckenden Untergebenen, der sich für seine Familie abrackert und seinem Sohn ein «Gefühl von Geborgenheit» und Sicherheit vermitteln möchte: «Er sprach nicht viel, aber das Wenige war voller Güte, Klugheit und Wissenschaft, wie mir schien. Und dann strömte von ihm zu mir ein Gefühl von Geborgenheit und Zutrauen aus, das mir immer, wenn es mir bewußt wurde, das Herz rascher schlagen ließ. Ich hatte die klare, beglückende Empfindung: ‹Solange dieser Mann da ist, wird es dir nie schlecht gehen.›» Den Gegenpol zu dieser «durch und durch humanen, auf sich beruhenden Natur» bildet Schattenholds Mutter. Sie ist ein Ausbund von Ruhelosigkeit, Unzuverlässigkeit, Wankelmütigkeit und Aufsäßigkeit: «Die Tugend, die sie am wenigsten besaß, war die Geduld.» Diese Charakterisierung läßt sich auch auf Johannes Schattenhold, auch auf den Autor Jakob Schaffner übertragen. (Hans Bänziger: «Schaffner war ein *Glücksfischer,* dem aber die Geduld fehlte.»)

Schaffner ist ein unvergleichlicher Meister der poetischen Typi-
sierung. Seit Gotthelf sind wir in der schweizerischen Literatur
keinen solchen unverkennbaren und lebenssprühenden literarischen Typen und Figuren begegnet. Der für die geistige und
moralische Entwicklung Johannes Schattenholds verantwort-
liche Leiter der Armenanstalt Beuggen, der «Herr Vater», ist
ein unverwechselbarer patriarchalischer Tyrann – ein Mann, der
von seinen Untergebenen, den Zöglingen, zugleich blindlings
verehrt und abgründig gehaßt wird: «Der Herr Vater war ein
ziemlich großer Mann von eigentlich schwerer Statur, aber
gichtbrüchig, so daß er mit seinem Wuchs nicht mehr zur Geltung kommen konnte. Er saß gelähmt in einem Lehnstuhl, vermochte nur noch den Mund und die Augen und kaum die ver-
krüppelten Hände zu gebrauchen, kam mir aber gleich sehr
vornehm und hochgestellt vor, und ich konnte meine Blicke
nicht von seinen sehr weißen, von der Gicht verzogenen Fingern und der wollenen Decke bringen, die seine Beine ein-
hüllte, so daß ich geheißen werden mußte, dem Herrn ins Gesicht zu sehen, damit er meine Augen betrachten könne.» Dieser
«Herr Vater» ist ein furchterregender, ja grausamer Erzieher
und Züchtiger; durch seinen Gerechtigkeits- und Frömmig-
keitswahn stürzt er seine Schäfchen in qualvolle Gewissens-
nöte, denen sie nicht gewachsen sind.
Der Herr Vater ist ein mit Gott ringendes Ungeheuer. Für den
kleinen Johannes verkörpert dieser Mann die «göttliche» und
die «weltliche» Macht schlechthin. Jeder Versuch, sich gegen
den Herrn Vater aufzulehnen, ist von vornherein zum Scheitern verurteilt. Schattenhold versucht zwar auch in dem stets
wieder an ein Kafkasches Labyrinth und auch an Robert Walsers Institut Benjamenta (in «Jakob von Gunten», 1909) er-
innernden Internat «Demutt» sein Eigenleben zu behaupten.
(Die Figur von Schaffners Herrn Vater stimmt auch in wesentlichen Zügen mit der Figur und der Funktion von Walsers Herrn
Benjamenta überein: «Herr Benjamenta ist ein Riese, und wir
Zöglinge sind Zwerge gegen diesen Riesen, der stets etwas
mürrisch ist. Als Lenker und Gebieter einer Schar von so winzigen, unbedeutenden Geschöpfen, wie wir Knaben sind, ist er
eigentlich auf ganz natürliche Weise zur Verdrießlichkeit verpflichtet, denn das ist doch nie und nimmer eine seinen Kräften
entsprechende Aufgabe: über uns herrschen. Nein, Herr Ben-

jamenta könnte ganz anderes leisten... An was hat eigentlich der Mann gedacht, als er sich entschloß, das Institut zu gründen? Er tut mir in einem gewissen Sinne weh, und dieses Gefühl erhöht noch den Respekt, den ich vor ihm habe.»)
Die Anwesenheit und vollends die Predigten des Herrn Vater wirken so demoralisierend, so bedrohlich und lähmend, daß sie auch den entschiedensten Widerstand nach und nach zu brechen imstande sind. Der Herr Vater und die vergrämte «Frau Mutter» haben freilich stichhaltige Gründe für ihre harten Erziehungsmethoden. Die Frau Mutter motiviert die Überforderung der Kleinen in der Arbeitsstube: «Man sagte mir, der liebe Gott habe es so befohlen, aber ich kam bald dahinter, daß der liebe Gott Röcke anhatte.»
Jakob Schaffners «Johannes» ist ein Internatsroman von enormer sozialpolitischer Bedeutung. Der einst «gelöste» und glückliche Junge Johannes Schattenhold gerät durch seine Einlieferung in die Armenanstalt von einem Tag zum andern in eine «bettelhafte Vereinsamung». Er empfindet schon in den ersten Internatstagen «eine fühlbare Niederwerfung des Selbstvertrauens»: «Verstockt und schwer getrübt wohnte ich der Ermahnung bei, immer Gottes Willen zu tun, um zu Glück und Ansehen zu kommen. Mir ahnte, daß da noch größere und furchtbarere Mächte walteten, als dieser Gott, der über die Taten der Leute Buch führt; ich hatte den ersten beunruhigenden Begriff vom *Schicksal* bekommen, und in wem diese Stimme einmal erwacht ist, in dem kommt sie nicht mehr zum Schweigen.»
Johannes versucht sich zwar «wider diese Moral... von ganzem Herzen» aufzulehnen. Er verwahrt sich «innerlich gegen ein Schicksal, das den einen zum Glück bestimmt und den anderen zum Unglück». Der kleine Rebell aber versinkt in einer peinvollen Resignation. Im Namen Gottes wird die geistige und moralische Vitalität der Zöglinge durch die systematische Erziehung zu absoluter Demut und Unterwürfigkeit erstickt. In dieser Anstalt wird das Wort «Demut» mit zwei t und das Wort «beugen» mit zwei g geschrieben! Die Internierten führen im «abgelegenen dunklen Raum der Arbeitsstube» ein wahres «Gefangenenleben». In der Arbeitsstube lernt der feinsinnige Johannes Schattenhold «zum erstenmal fühlen, was die Zeit ist»; er sieht sich dem «langsamen, sehnsuchtskranken Zerfall der Zeit» ausgeliefert: «Zum erstenmal in meinem Leben fühlte

ich Langeweile und hatte ich Zeit, mich einer Sehnsucht hinzugeben. Daß sie unerfüllbar war, und ich es wußte, schwächte ihre Kraft nicht ab, sondern steigerte sie zur Gewalt, zur Bangigkeit, zur Angst. Ich hätte aufstehen, meine Schürze abreißen und davonlaufen mögen, aber auch stärkere Temperamente als ich haben das nicht getan. Die Zeit war hier plötzlich unabsehbar, entmutigend lang, aber der Raum unter der gewölbten Decke... niederdrückend und unentrinnbar eng geworden. Die Welt draußen, Berg und Tal, Bach und Waldsaum, Sonne, Mond und Sterne, gehörten nicht mehr mir oder nur noch ‹insofern›. Sie waren in feste, streng bedingte Beziehungen zu mir gebracht, die ungestraft nicht überschritten werden konnten. Ich war grenzenlos traurig, verwirrt und eingeschüchtert... Außerdem hatte sich... ein stilles, gleichmäßiges Hungergefühl bei mir eingestellt, das mich die nächsten sieben Jahre nicht aufdringlich, aber unweigerlich begleitete.»
Die «Demutter» Ordnung scheint unantastbar zu sein. Die Bangigkeit wird zum Grundgefühl des kleinen Johannes. Sein vielgerügter Trotz allein scheint ihn vor der endgültigen Selbstaufgabe zu bewahren. Seine Bockbeinigkeit ermöglicht es ihm, auch die unwürdigsten Quälereien und Grausamkeiten zu ertragen. Dem Zugriff des Herrn Vater versucht er sich durch seinen Eintritt in einen Geheimbund, in den «Johannesbund», zu entwinden. Die in diesem Bund vereinigten Jungen opponieren blindlings gegen ihr Geschick, indem sie das Kreuzzeichen als «ein schlechtes Zeichen» verketzern. Das Kreuz ist «das Zeichen der Lebensanfechtung und der Gefangenschaft»; das «verschränkte Dreieck», das «Doppeldreieck» hingegen ist «das Symbol der ungenannten und ungestalteten Widersetzlichkeit, der Freiheit und Unbegrenztheit».
Der Amtsantritt des Aufsehers Ladurch aber erwürgt die letzte Freiheit und Unbegrenztheit, deren sich die Knaben erfreuen konnten. Dieser Ladurch, ein «muskulöser, untersetzter Mensch», ist ein schrecklicher, angsterregender, «dienernder» Sadist. Er ist eine der grausamsten, unappetitlichsten Gestalten in der schweizerischen Literatur: «Keinem von uns war beim Anblick des Gesellen wohl. Er hatte ein rötliches Metzgergesicht mit tiefliegenden, stechenden blauen Augen, eine niedere, breite Stirn, braungelbes Kraushaar, eine starke gerade Nase, einen gekniffenen Mund, und das Kinn eines Nuß-

knackers. In den Ohren trug er dünne goldene Ringe... Seine erste Tat, sozusagen die Jungfernrede, war die Verkündigung des dauernden Schweigegebotes auf Befehl und von Herzen.» Der Aufseher Ladurch spielt im «Johannes»-Roman «nur» eine Nebenrolle. Trotzdem ist das Bild dieses diabolischen Quälers von beklemmender Anschaulichkeit. Ladurch ist die Personifikation der rücksichtslosen despotischen Rohheit. Von exemplarischer Bildhaftigkeit sind auch die Reaktionen der kleinen «Zwangsarbeiter» auf die frevlerischen Launen dieses «bekehrten Trinkers»: «Da war uns von unserem vermutlichen Schicksal schon allerlei klar geworden, aber die Anstaltsleitung besaß, was ihr bisher noch gefehlt hatte: nicht bloß einen verlässlichen Arbeiter, sondern einen sicheren Aufpasser, einen Vogt, einen rastlosen, allzeit beflissenen Zwischenträger, einen Ankläger von großem Format, und dazu einen rücksichtslosen, prügelsüchtigen Zuchtmeister: Kriechend, speichelleckend nach oben, und tretend nach unten: so enthüllte er mit verblüffender Schnelle und Richtigkeit seine Knechtsnatur, die uns in derselben Eile – es war wie ein Sturz – mit Schreck und Verachtung erfüllte.»
Dieser tolpatschige Rohling verleiht dem Internat «Demutt» und dem Werk des Herrn Vater gewissermaßen den letzten Schliff. Der Grobian Ladurch genießt die Gunst des Herrn Vater. Ladurchs Schreckensherrschaft in der Armenanstalt «Demutt» spiegelt letztlich die Inhumanität der patriarchalisch-tyrannischen Erziehungsmethoden des frommen Herrn Vater wider: «Je mehr diese erkrankte, entartete *Zeit* uns mit Vorschriften, Schweigegeboten, Strafen und Bedrohungen heimsuchte..., desto umsichtiger entzog uns Ladurch auch die angeborene Freiheit im *Raum*: den Trost von Himmel, Horizonten, Ferne und Ausblicken. Eines seiner großen, klarblickenden Verbote betraf das bisherige Aufatmen während der Pausen im Erker; da begriffen auch die Letzten von uns, mit was für einem anschlagreichen Feind unserer Kindheit wir es zu tun hatten. Es war nicht mehr erlaubt, in das Schneegestöber über der Rheinbreite zu blinzeln, dem leuchtenden Zug der Frühlingswolken im weiten Himmelblau zu folgen, den Sommer flimmernd und zitternd vor Reife über den Schweizer Bergen still stehen zu fühlen, oder mit den Augen die Farbenherrlichkeit und Milde des Herbstlichtes in uns zu trinken. Haarzupfen,

Bürstenbinden, Besenpechen, Finkenmachen, und... nach der Uhr zu sehen, die Waage holen, zum Wandstehen verurteilen, Ohrfeigen, Prügelszenen, Petzereien und, was ihn uns am tiefsten verächtlich machte: Horchen hinter der zugezogenen Tür seiner Schlafkammer – das waren die Ereignisse unseres gemeinsamen Tages, und andere gab es nicht.»

Schaffner demonstriert in seinen «Johannes»-Romanen den Bankrott der alten, «bewährten» bürgerlichen Erziehungsideale. Die Verlorenheit, die Vereinsamung des ungeliebten, des verstoßenen und missbrauchten Kindes wurde selten mit einer so intensiven thematischen und sprachlichen Folgerichtigkeit zur Diskussion gestellt wie in Schaffners «Johannes». Der Schweizer Literaturwissenschafter Guido Calgari wirft Schaffner zwar die in den «Johannes»-Büchern «immer wieder» durchbrechende «haßerfüllte, bittere Auflehnung gegen ein ungerechtes Schicksal» vor (in «Die vier Literaturen der Schweiz», 1966). Der Zorn hindere den Autor «daran, zum dichterisch geläuterten Ausdruck zu gelangen». Gleichzeitig gesteht Calgari dem «Johannes»-Verfasser einen «seltenen schöpferischen Reichtum» zu, «wie ihn die Schweiz nach Gottfried Kellers ‹Grünem Heinrich› vielleicht nie mehr erlebt hatte». Ein solches (exemplarisches) Urteil kann nur der maßlosen Verlegenheit dem Mythos «Jakob Schaffner» gegenüber entspringen. Schaffner bewahrt auch bei der Betrachtung seiner eigenen Person durchweg eine schwerblütige Objektivität und Gelassenheit. Eine noble Diskretion kennzeichnet auch seine Auseinandersetzungen mit den Kontrahenten des Johannes Schattenhold. Schaffners «Johannes» ist keine «Anklageschrift». Der Autor selbst definiert seine Intentionen in einem kleinen treffenden Vorwort: «Was dargestellt werden sollte, waren ja nicht ‹Zustände›, sondern das Wachstum eines jungen Eigenmenschen unter dem Druck einer vielfach zwanghaften Umwelt, seine Irrungen, seine innere Befreiung, und der endliche ahnungsweise Ausblick auf die Wahrheit, daß das Glück eines Volkes und der Menschheit von ihrem Besitz an Eigenmenschen abhängt.» Schaffners autobiographischer Roman ist in erster Linie ein Plädoyer für das menschliche Individuum, für die Existenzberechtigung des Einzelnen. Das Schicksal des Johannes Schattenhold unterstreicht, wie sehr dieses Individuum durch verschrobene religiöse und pädagogische Prin-

zipien von der Vermassung bedroht ist. Johannes Schattenhold
setzt sich schon in frühesten Jahren gegen die Bedrohung seines
Eigenlebens zur Wehr. Sein Kampf gegen die «Gleichschal-
tung» wird von seinen Erziehern und von der Allgemeinheit
freilich nicht honoriert. Der selbständig denkende und empfin-
dende Schattenhold isoliert sich und wird als ein versponnener
Eigenbrödler und als ein gemeingefährlicher Trotzkopf gemie-
den.

Seine Einsamkeit intensiviert sich vollends in der Pubertätszeit.
So beginnt der Roman «Die Jünglingszeit des Johannes Schattenhold» mit dem programmatischen Abschnitt: «Ein sech-
zehnjähriger Junge ist das unglücklichste Geschöpf, das es
unter der Sonne gibt, ein Rock, der erst zur Naht geschlagen ist
und schon getragen wird, Gottes und aller Menschen Verlegenheit, nicht mehr mit Rührung betrachtetes Kind und noch
lange kein eindrucksvoller Mann, ein Zwitterprodukt, von dem
man knäbliche Unschuld und erwachsene Tüchtigkeit im gleichen Hieb verlangt, eine unvergorene, widerspruchsvolle, be-
dürftige, aufsässige, freche und kleinlaute Kreatur, die in der
Welt eben geduldet wird, und die in Himmel und Erde mit
allem Drin und Drauf bereits einen sichern Raub ihrer Unter-
nehmungslust sieht.»

Auch der dem Kindesalter entwachsene Johannes Schattenhold
findet in Jakob Schaffner einen zuverlässigen, besonnenen Anwalt. Das Internatsleben des Johannes Schattenhold ist zwar
vorbei; der Tageslauf des «freien» Johannes unterscheidet sich
aber letztlich kaum vom Tageslauf des Anstaltsschülers. Der
«Johannes»-Roman ist ein beängstigendes Dokument für den
Mißbrauch und die geistige Vergewaltigung eines hilflosen
Kindes; der Fortsetzungsroman «Die Jünglingszeit des Johannes Schattenhold» gewährt einen alarmierenden Einblick in die
autoritäre Gesinnung eines selbstgerechten, morschen (Spieß-)
Bürgertums. Der Einzelgänger Johannes Schattenhold hat es
auch als Lehrling in der Werkstatt und im Haus des biederen
Basler Schuhmachermeisters Ferdinand Birmele schwer. Alle
Extratouren des aufgekratzt-duckmäuserischen, heimatlosen
Knaben sind verpönt; sie finden ein frühzeitiges und abruptes
Ende. Eine «sorgfältige... Schweigerei» umgibt ihn bei den
gemeinsamen Mahlzeiten mit der Meistersfamilie. Seine Ent-
wicklung, seine Entfaltung muß sich weiterhin im Verborgenen,

im Geheimen vollziehen: «Gewiß war ich kein Held. Ich war nur ein schwaches, hinfälliges, sterbliches Geschöpf, immer darauf angewiesen, zu sehen, was mit ihm passiert oder passiert ist, und was alsdann weiter zu geschehen hat. Ich ging der größten Süßigkeit nach, dem schönsten Glanz, dem stärksten Ton, der manchmal nur ein Hummelton war, und ganz unnachweisliche Triebe und Widerstände regierten mein Leben. Aber immer einmal gab es in meinem Dasein solche plötzlichen kurzen, scharfen Treffen, und nachher war etwas vorbei und etwas war geworden, und nur ein kleiner Teil der Mitwelt hatte es bemerkt.»

Die Herzhaftigkeit, die Spontaneität des Johannes Schattenhold ist in diesem bigotten bürgerlichen Haus fehl am Platz. Das Haus des Schusters Ferdinand Birmele ist ein Hort der Freudlosigkeit und der geistigen und seelischen Stagnation. In diesem Handwerkerhaus ist jeder Zweifel an der bestehenden bürgerlichen Ordnung unzulässig. Das Handwerk hat einen goldenen Boden. Der Meister verachtet die «gewöhnlichen» Arbeiter. Jeder neuen Idee verschließt er sich. In diesem Haus, in dieser selbstgefälligen Gesellschaft lebt Schattenhold im Spannungsfeld zwischen bürgerlicher, klerikaler Genügsamkeit und einem neuen sozialen Verantwortungs- und Selbstbewußtsein. In Birmeles Haus gibt es keine Diskussionen; jeder Abweichler wird kurzerhand bedroht und bestraft. Schattenholds Tage sind von einer zermürbenden Gleichförmigkeit; sein Grundgefühl bleibt auch nach seinem Austritt aus der Armenanstalt die Bangigkeit, die «Weltverlassenheit»:

«Nach dem Dreikönigstag ging es mit mir unaufhaltsam bergab. Dabei geschah gar nichts Besonderes. Es war einfach, als hätte die Natur unterlassen, mir im neuen Jahr für diesen Platz noch Strom zu liefern, und ich hatte mit den Resten auszukommen. Es erwies sich aber, daß keine da waren. Ein schnellwachsendes junges Lebewesen hat nie Reserven, da es aus der Hand in den Mund lebt; hören die Zufuhren auf, so beginnt es einzugehen. Sobald es draußen anfing zu dämmern, sank es wie Gift in meine Nerven. Es war, als ob mein Körper die sinkende Dunkelheit in sich einsöge, und ein rasendes Verlangen nach Ruhe und Schlaf überfiel mich, so daß ich manchmal dachte, ich würde vom Stuhl sinken. Die Lampen brannten hinter den mit Wasser gefüllten Glaskugeln. Die Gesellen arbeiteten schweigend vor sich hin. Auf das Fensterblech trommelte leise der Regen, oder der hohle Wind winselte über die Ziegel hin. Das Haus herauf zog eine Weltverlassenheit, als hockten wir irgendwo in einer verlorenen Wildnis, weit weg abgetrieben von allem Leben. Und dann kroch es über mich herein wie der Saum der ewigen Nacht. Das Leben lag wie Watte in meinem Mund. In meinen Ohren nistete sich eine dumpfe Traurigkeit ein, und der Blick starrte trübe vor sich hin, nur darauf wartend, daß er erlöschen durfte. Manchmal ging ich nach dem Örtchen hinunter, um dort ein bißchen mit geschlossenen Augen zu sitzen und mich meiner Erschöpfung zu überlassen. Gelegentlich tat ich wohl auch einen ganz kurzen, kummervollen Schlaf, aus dem ich dann schuldbewußt und erschrocken auffuhr, um nach der Werkstatt zurückzulaufen.»

Jakob Schaffner hat wohl die schönsten Frauengestalten in der schweizerischen Literatur des 20. Jahrhunderts geschaffen. Der unerschütterliche Glaube an die Mutter und die Begegnung mit der zarten Schusterstochter Magda erhellen den trostlosen Dämmerzustand des Protagonisten Johannes Schattenhold. Die Mutter lebte zeitlebens außerhalb der bürgerlichen Konventionen. Mit allen Mitteln versucht sie ihr Glück zu machen. Mit einem Hochstapler brennt sie nach Amerika durch. Die Verkommene wird nach ihrer Rückkehr in die Schweiz von der Gesellschaft geschnitten und diffamiert. Johannes aber hält ihr die Treue. Zu Beginn des «Johannes»-Buchs konstatiert der kleine Johannes Schattenhold zwar, daß die Mutter nicht eigentlich zu seiner Welt gehöre. Diese Einstellung verändert sich nach dem frühen Tod des geliebten Vaters.
Während seiner Lehrzeit vernimmt Johannes nur abschätzige Bemerkungen über seine haltlose Mutter. Dies vertieft die Zuneigung und die Liebe des Jungen zu der unglücklichen und verhetzten Frau. Sie, die einst «nicht eigentlich» zu seiner Welt gehörte, wird allmählich zum leuchtenden Vorbild, zum Idol des Knaben Johannes. Der Gedanke an seine hektische Mutter verleiht ihm Sicherheit; die Hoffnungen, die er in sie setzt, machen ihn geradezu unangreifbar, unverwundbar.
Schattenholds Mutter sehnt sich ein Leben lang nach dem großen Leben. Sie kämpft um Reichtum und Glück; diesen Kampf führt sie bis zur letzten Konsequenz, bis zur totalen

physischen Erschöpfung. Das Erbe, das sie ihrem Sohn hinterläßt, ist auf den ersten Blick recht unansehnlich: «Nachdem auch das letzte geschehen und abgetan war, sah ich, was ich von meiner Mutter geerbt hatte: An Geld und Gut nichts, von ihrem Blut und Geist so viel, um keinem allzu ruhigen Leben entgegen zu gehen, und ihr letztes Vermächtnis an mich war die Ferne. Es kam mir vor, als wäre die jetzt für mich frei geworden, wie ein Königreich durch den Tod des alten Monarchen frei wird und dem Nachfolger als Erbe zufällt.» Am offenen Grab der Mutter Schattenhold spricht ein Freund unversehens die Worte: «Schlaf wohl, Emilie! Du bist ein unglückliches braves Weib gewesen und hast für alles selber bezahlt!» Dieser Satz könnte auf das Schicksal, auf die Person des glücklosen Wanderers Jakob Schaffner übertragen werden.

Emilie Schattenhold ist ein ruheloser, ein dämonischer Mensch; sie ist ein gefallener Engel. Schaffner kennt diesen Typ so gut wie die schöne weibliche «Unschuld». Seine Frauen- und Mädchengestalten sind Juwele, deren Schönheit nur mit der Schönheit der Gotthelfschen und Kellerschen Frauen- und Mädchengestalten verglichen werden darf. So ist die Schusterstochter Magda ohne Zweifel eine der makellosesten Mädchenfiguren in der schweizerischen Literatur. Und die Beziehung des Johannes Schattenhold zu diesem Mädchen ist eine der zartesten Liebesbeziehungen in unserem an goutierbaren Liebesgeschichten armen Schrifttum. Magda besitzt das Format und die seelische Kraft der schönsten Gotthelf-Meitschi. Johannes anderseits ist ein würdiger Nachfahre der gelungensten und reinsten Bauernjungen- und Knechtsgestalten Jeremias Gotthelfs.

Ich wiederhole: Mit solchen Bemerkungen will ich beileibe nicht eine Abhängigkeit Jakob Schaffners von den großen schweizerischen Klassikern antönen. Schaffner sah sich stets wieder mit dem Vorwurf konfrontiert, ein Nutznießer seiner renommierten Schweizer Kollegen aus dem 19. Jahrhundert zu sein. Dieser Vorwurf ist angesichts der schöpferischen Potenz von Jakob Schaffner naheliegend. Er gibt aber bei einer Betrachtung des originären Typs Schaffner herzlich wenig her.

Das helvetische Ärgernis Schaffner provoziert Verlegenheit. Ja, vielleicht werden wir bei der Lektüre seiner Arbeiten nie ein gewisses Unbehagen überwinden können. Es ist aber Zeit, die eminenten literarischen Verdienste dieses seit Jahrzehnten totgeschwiegenen Autors zur Kenntnis zu nehmen. Es besteht für mich kein Zweifel, daß Schaffner der sprachgewaltigste und eleganteste Epiker in der schweizerischen Literatur unseres Jahrhunderts ist. Die poetische Leichtigkeit dieses Vollbluterzählers mutet recht «unschweizerisch» an. «Unschweizerisch» ist auch der gewaltige Atem dieses Romanciers. (Die schweizerische Literatur des 20. Jahrhunderts ist auffallend arm an bedeutsamen umfänglichen epischen Werken. Die besten schweizerischen Prosaisten unserer Zeit gehören in die Kategorie der literarischen Kleinmaler. Der große Vater der poetischen Kleinmalerei in der modernen schweizerischen Literatur ist Robert Walser. Auch die namhaften jungen Exponenten der schweizerischen Prosa, auch Peter Bichsel, Hans Boesch, Beat Brechbühl, Jörg Steiner, Otto F. Walter und Heinrich Wiesner sind literarische Detaillisten.)

Schaffners Hauptwerk «Johannes» ist der wohl eindrücklichste Internatsroman in der neueren deutschsprachigen Literatur. Im Gegensatz zum wiederentdeckten Hermann Hesse («Unterm Rad») beschränkt sich Schaffner nicht darauf, die Leiden eines zerbrechlichen internierten Knaben wiederzugeben. Das Leiden des Johannes Schattenhold kommt sozusagen nicht von ungefähr. Die Verwirrungen des Zöglings und des Jünglings Johannes werden sozialpolitisch und sozialgeschichtlich motiviert. Dieses Buch ist ein wahrhaft ergreifendes Dokument eines menschlichen Leidens unter einer verwerflichen bürgerlichen Gesellschaft, die nur aus Ausbeutern und Ausgebeuteten besteht. In der «Johannes»-Trilogie meldet sich ein Autor zu Wort, der ein ungemeines Sensorium für die tragische Situation des unterdrückten, des mißbrauchten «kleinen» Mannes besitzt. Schaffners Menschen sind Menschen von Fleisch und Blut; sie gehören zu den wenigen literarischen Figuren in unserem Schrifttum, die der Leser nicht mehr vergißt.

In seinem «Offenen Brief an Jakob Schaffner» betont der wachsame Albin Zollinger, daß er es ablehne, «eine jahrzehntealte Verehrung des Dichters um des Politikers willen von heute auf morgen über Bord zu werfen»: «Diese Kapriole, auch wenn sie modern ist, mache ich nicht mit; ich machte sie bei Hamsun nicht mit, und ich mache sie beim Dichter des ‹Johannes› nicht mit. Dabei teile ich freilich nicht Ihre Ansicht, daß die Echtheit Ihres Dichtertums die Richtigkeit Ihrer Dialektik verbürge.» Zu diesen Überlegungen des unverdächtigen Zeugen Zollinger gesellt sich die Einsicht Hans Bänzigers, des bemerkenswertesten Schaffner-Kritikers aus der Nachkriegszeit: «Die Schweiz muß und wird solche Untreue ertragen können, ohne sie zu bagatellisieren; vor allem aber, ohne nervös zu werden. Denn wenn wir einen Vorteil vor der Welt haben, ist es die Reife, die in der langen Ruhe entstand. Reifsein heißt aber auch, das Unreife ertragen.» Welcher Verleger wird uns den unverlierbaren menschlichen und dichterischen Reichtum der Schaffnerschen Romangestalten wieder zugänglich machen? Wir können es uns kaum leisten, diese kantigen Figuren weiter zu verleugnen.

Disziplinierte Unordnung

Der unpopuläre Friedrich Glauser und sein populärer Protagonist Jakob Studer

«1896 geboren in Wien von österreichischer Mutter und Schweizer Vater. Großvater väterlicherseits Goldgräber in Kalifornien (sans blague), mütterlicherseits Hofrat (schöne Mischung, wie?). Volksschule, drei Klassen Gymnasium in Wien. Dann drei Jahre Landerziehungsheim Glarisegg. Dann drei Jahre Collège de Genève. Dort kurz vor der Matur hinausgeschmissen, weil ich einen literarischen Artikel über einen Gedichtband eines Lehrers am dortigen Collège verfaßt hatte. Kantonale Matur in Zürich. Ein Semester Chemie. Dann Dadaismus. Vater wollte mich internieren lassen und unter Vormundschaft stellen. Flucht nach Genf... Ein Jahr (1919) in Münsingen interniert. Flucht von dort. Ein Jahr Ascona. Verhaftung wegen Mo[rphium]. Rücktransport. Drei Monate Burghölzli (Gegenexpertise, weil Genf mich für schizophren erklärt hatte). 1921–1923 Fremdenlegion. Dann Paris Plongeur. Belgien Kohlengruben. Später in Charleroi Krankenwärter. Wieder Mo[rphium]. Internierung in Belgien. Rücktransport in die Schweiz. Ein Jahr administrativ Witzwil. Nachher ein Jahr Handlanger in einer Baumschule. Analyse (ein Jahr), während der ich in Münsingen weiter als Handlanger in einer Baumschule gearbeitet habe. Als Gärtner nach Basel, dann nach Winterthur. In dieser Zeit den Legionsroman [«Gourrama»] geschrieben (1928/29). 30/31 Jahreskurs Gartenbauschule Oeschberg. Juli 31 Nachanalyse. Jänner 32 bis Juli 32 Paris als ‹freier Schriftsteller› (wie man so schön sagt). Zum Besuch meines Vaters nach Mannheim. Dort wegen falscher Rezepte arretiert. Rücktransport in die Schweiz. Von 32 bis 36 interniert. Et puis voilà. Ce n'est pas très beau...»[1]
Dieser triste autobiographische Bericht stammt aus der Feder des 1938 in Nervi bei Genua verstorbenen Autors Friedrich Glauser, der noch vor einigen Jahren von Literaturkritik und Literaturwissenschaft wie ein Aussätziger, wie ein Geächteter behandelt wurde. Über seine Identität ist bis auf den heutigen Tag wenig bekannt geworden[2]. In den meisten einschlägigen Darstellungen des neueren schweizerischen Schrifttums sucht

man vergeblich nach seinem Namen. Das ist nicht verwunderlich. Seine letztlich «hochgradig unschweizerischen» Arbeiten fügen sich nur schlecht in die helvetische Literaturlandschaft der dreißiger und vierziger Jahre ein. Dem großen künstlerischen Erfolg stand vor allem auch sein «hochgradig unschweizerischer» verwerflicher Lebenswandel im Wege. Vor kurzem noch schätzten nur wenige Freunde und Eingeweihte die epische Begabung dieses Unglückstyps, dem wir den wohl besten deutschsprachigen Fremdenlegionsroman und ein halbes Dutzend Kriminalromane von eminenter gesellschaftspolitischer Bedeutung verdanken.

Es geht freilich nicht an, Friedrich Glauser als einen völlig erfolglosen Schriftsteller zu beklagen. Er wurde von den Literatursachverständigen zwar über Jahrzehnte hinweg geschnitten und totgeschwiegen.

Der Protagonist seiner Kriminalromane aber, der Berner Polizei-Wachtmeister Jakob Studer wurde zu einer populären literarischen Figur – zu einer der bekanntesten und beliebtesten Figuren in der schweizerischen Literatur. Leopold Lindtbergs Verfilmung des Romans «Wachtmeister Studer» begründete diese Popularität. Der vorzügliche Studer-Darsteller Heinrich Gretler ist seit dieser Verfilmung nicht mehr von der Gestalt des Wachtmeisters Studer und des Autors Friedrich Glauser zu trennen.

Die Popularität dieser Romanfigur ist aber wohl auf ein grundlegendes Mißverständnis zurückzuführen. Der einfache Berner Fahnder Jakob Studer, der hilfsbereite «Bruder-Studer», der «Köbi» erscheint auf den ersten Blick als ein behäbiges und gutmütiges, als ein gerechtigkeitsbesessenes und zuweilen vielleicht etwas unwilliges «Original». Diese Charaktereigenschaften machten Studer beliebt. Man darf sie aber nicht zum Ausgangspunkt einer Deutung von Friedrich Glausers Romanwelt machen. Die Welt des Wachtmeisters Studer und des Schriftstellers Friedrich Glauser ist in Wirklichkeit von unwohnlicher, ja von chaotischer Düsterkeit.

«Vom ersten Augenblick an hab ich gefühlt: beim Gesindel ist deine Heimat. Dort gehörst du hin», heißt es in der Erzählung «Der Sohn». «Kann man dagegen etwas tun?... Aber glaubst du, der Herr Freud, den sie nachher zum Professor gemacht haben, hätt mir helfen können? Unsinn... Das wird niemand in der Welt ausrotten können, daß es zwei Sorten Menschen gibt: die einen lieben die Ordnung, die andern die Unordnung, das Chaos. Wenn ich nun im Chaos daheim bin? Merkwürdig ist nur, daß wir, die Leute der Unordnung, Disziplin brauchen. Darum hab ich zwölf Jahre lang gedient und drei dazu im Krieg...»

Auch der liebenswerte, umgängliche und gelassene Wachtmeister Studer ist im Grunde ein Mensch der Unordnung und des Chaos. Um in dieser Unordnung bestehen zu können, braucht er Disziplin. Dieter Bachmann, dem wir einen aufschlußreichen Essay über Friedrich Glauser verdanken (in «Die Weltwoche» Nr. 47 vom 20. November 1970), interpretiert Glausers Leben mit Recht als ein Leben der «Sehnsucht nach Ordnung». Er sieht in Glauser einen «Außenseiter, der ein Insider sein möchte und der es aus Schicksal und besserem Wissen nicht sein kann». Bachmann erkannte, daß «der behäbige, der brummige, aber gemütvolle, der rechtschaffene Fahnder» Jakob Studer nichts anderes als «das *Sehnsuchtsideal* des Friedrich Glauser» ist.

Dieses «Sehnsuchtsideal» Jakob Studer übt seinen bürgerlichen Beruf mit vorbildlicher Gewissenhaftigkeit aus. Studer ist ein Untergebener, ein «Gehülfe», der sich den Vorschriften seiner Vorgesetzten (beinahe) widerspruchslos fügt. Im Gegensatz zu seinem Schöpfer Friedrich Glauser erträgt er auch die derbsten Demütigungen mit Würde. Der Wachtmeister scheint alle Eigenschaften zu besitzen, die dem haltlosen, zerrütteten Glauser abgehen. Studer kann sich «zusammennehmen». In brenzligen Situationen sitzt er da, «ein wenig nach vorne geneigt, in seiner Lieblingsstellung, Unterarme auf den Schenkeln, Hände gefaltet». Er ist die Ruhe selbst. Bisweilen vermag er freilich einen «sehr bekümmerten» Seufzer nicht zu unterdrücken – «weil er dachte, er habe es nicht leicht im Leben».

Viele Ungerechtigkeiten und Diffamierungen scheinen diesem geplagten Wachtmeister Studer während seiner kriminalistischen Karriere widerfahren zu sein: «Man war kein berühmter Kriminalist, obwohl man immerhin in früheren Zeiten viel studiert hatte. Wegen einer Intrigenaffäre verlor man die Stelle eines Kommissars an der Stadtpolizei, fing an der Kantonspolizei wieder an – und stieg in kurzer Zeit zum Wachtmeister auf. Obwohl man abgebaut worden war, obwohl man Feinde genug hatte, mußte man stets einspringen, wenn es einen komplizierten Fall gab.»

Die Anspielung auf eine «Intrigenaffäre», die die große Laufbahn des «Kommissars» Studer beendete, findet sich in diesen Romanen immer wieder[3]. Studer fühlt sich verfolgt, von Neidereien und neuen Intrigen umstellt. (Auch das Glauser-Ebenbild im Fremdenlegionsbuch «Gourrama» fühlt sich verfolgt: «Geben Sie nur acht, Lös», rät der Leutnant Lartigue seinem Untergebenen. «Man beneidet Sie hier nicht so sehr wegen Ihres Druckpostens, der Ihnen Geld einbringt. Deswegen auch, natürlich. Aber haben Sie bemerkt, daß man Sie auch haßt? Warum? Das ist eine Frage, die ich selbst nicht klar beantworten kann. Worte genügen da nicht. Man kann wohl mit den Leuten saufen, Zoten erzählen und gerade so gemein scheinen wie sie. Sie fühlen doch, daß da etwas nicht stimmt. Daß wir voll Vorbehalte sind, innerlich, ein Reservat besitzen, auf das wir uns zurückziehen können und das sie, die andern, nicht besitzen. Man soll ganz mitmachen, meinen sie – aber mitmachen und dabei noch beobachten, das finden sie gemein.»)

Studer empfindet seine menschliche und berufliche Lage als «durchaus ungemütlich». Die Gesichter seiner Kontrahenten sind «mit Hohn verschmiert»; ihre Augen sind «mit Haß geladen». Er wird als ein gefährlicher, verachtenswerter Eindringling behandelt; sein Vorgesetzter, der Polizei-Hauptmann, hält ihn für einen harmlosen «Spinner». «Bedrückendes» und «Unheimliches» macht sich «in seinem Rücken breit». Er wähnt sich in Gefahr, da er «kein gutes Leumundszeugnis besaß und wenig Freunde».

Die stoische Ruhe, mit der sich der Wachtmeister Studer über alle Anfeindungen hinwegzusetzen versteht, brachte ihm wohl die Sympathien eines ansehnlichen Leserkreises ein. (Nur selten läßt sich dieser Studer zu einem innerlichen Fluchen hinreißen!) Er wurde zu einer der vorbildlichsten Vaterfiguren in der schweizerischen Literatur. Seine heillose Abneigung gegen die verschrobene bürgerliche Ordnung und Anständigkeit nahm man kaum zur Kenntnis. Die meisten Leser der Wachtmeister-Studer-Romane interpretierten wohl auch die in diesen Romanen definierte Gesellschaft (und Studers Hader gegen diese Gesellschaft) grundsätzlich falsch. Studers Widersacher in den

Dörfern Gerzenstein, Schwarzenstein oder Pfründisberg darf man nicht als einzelne Bösewichter, als verwerfliche Ausnahmen mißverstehen. Diese hinterlistigen, verschlagenen Individuen repräsentieren Glausers Vision von der helvetischen bürgerlichen Gesellschaft der dreißiger Jahre. Studers Kampf gegen diese Subjekte in irgendeinem «Kaff», in irgendeinem «Krachen» entspricht dem Kampf des Outsiders, des «Underground»-Poeten Friedrich Glauser gegen das schweizerische Bürgertum. Die Bürger von Gerzenstein, von Schwarzenstein, von Randlingen und Pfründisberg sind die von Glauser verachteten (und beneideten!) Leute der «Ordnung». Sie demonstrieren ihre Ordentlichkeit und Sauberkeit mit fast ekelerregender Aufdringlichkeit.

Der Haß der «ordentlichen» Leute, der Haß der Dorfgemeinschaft richtet sich gegen hilflose Minderheiten – gegen verschupfte, unschuldige kleine Rebellen, die sich vergeblich in die bürgerliche Gesellschaft einzuleben versuchen. Die kleinen Leute, mit denen Glauser sich identifiziert, lechzen nach einem geordneten, disziplinierten Leben. Doch man verweigert diesen kritischen Beobachtern den Eintritt in die Gemeinschaft; sie sind gezwungen, Leute der Unordnung zu bleiben; sie finden sich mit ihrem qualvollen Außenseitertum ab.

Die dörfliche Gemeinschaft wehrt sich gegen jeden fremden Eindringling, gegen jeden «fremden Fötzel», gegen jede neue und fremde Idee. Eine neue und fremde Idee verkörpert dieser eigenbrötlerische Berner Polizei-Wachtmeister Jakob Studer. Er stellt eine ernstliche Gefahr für die weltanschauliche Einmütigkeit einer morschen Gesellschaft dar, die sich mit Vehemenz auf unverrückbare, «überzeitliche» Werte beruft – auf «Gesetz und Ordnung». Der gefährliche Eindringling in diese unantastbare Ordnung ist ironischerweise ein offizieller «Hüter der Ordnung», ein Polizist.

Der zerquälte, asoziale Berner Fahnder Jakob Studer sieht sich einer geschlossenen Institution gegenüber, die ihn mit allen Mitteln zu beseitigen versucht. An der Spitze der Gemeinschaft stehen die neureichen Dorfgewaltigen – ein Gemeindepräsident, ein Lehrer, ein Gastwirt, ein Direktor. Ihre Macht über die Bevölkerung kennt keine Grenzen. Die Bürger sind ihnen (in materieller und moralischer Hinsicht) verpflichtet. Sie sind ihnen hörig; und sie scheinen stolz auf ihre Abhängigkeit zu sein. Sie sind in die Machenschaften ihrer Führer eingeweiht, sind stolz auf ihre Mitwisserschaft, sind stolz darauf, «dazu» zu gehören. Keiner kann es sich leisten, aus der Gemeinschaft ausgestoßen zu werden. Aus diesem Grund sind sie bereit, jedes Verbrechen und jeden Verbrecher zu decken. Diese Arbeiter, Bauern und Armenhäusler haben ihr Eigenleben verloren. Die Macht hat sie alle unter die gleiche Haube gezwungen. «Lieber zehn Mordfälle in der Stadt als einer auf dem Land», lesen wir im Roman «Wachtmeister Studer». «Auf dem Land, in einem Dorf, da hängen die Leute wie die Kletten aneinander, jeder hat etwas zu verbergen... Du erfährst nichts, gar nichts. Während in der Stadt... Mein Gott, ja es ist gefährlicher, aber du kennst die Burschen gleich, sie schwatzen, sie verschwatzen sich... Aber auf dem Land!... Gott behüte uns vor Mordfällen auf dem Land...»

Dieser Mafia steht der Wachtmeister Studer gegenüber; in dieser Atmosphäre hat er seine Fälle zu erledigen. Die Voraussetzungen für seine Arbeit sind denkbar ungünstig. Studer erscheint uns als ein völlig isolierter Fremdkörper. Bei der Aufklärung der Verbrechen kann er sich höchstens auf die Hilfe eines geschundenen kleinen Knechtleins stützen. Durch Studers Erscheinen intensiviert sich die Unheil verheißende Spannung zwischen dem etablierten ordentlichen Kleinbürgertum und den glücklosen Außenseitern: «Es war durchaus ungemütlich in dem Raum», heißt es im Roman «Der Chinese». «Eine Spannung herrschte, deren Ursprung man nicht recht feststellen konnte... Nicht das Gewitter verursachte die Spannung, auch nicht die elegante Kleidung des Herrn Farny. – Deutlich hörte Studer das Wort ‹Schroterei›, aber er wußte nicht, an welchem Tisch es ausgesprochen worden war... plötzlich begannen die Vier am Tisch bei der Tür nach der Melodie: ‹Wir wollen keine Schwaben in der Schweiz!› zu grölen: ‹Wir wollen keine Tschukker uff em Bärg, Tschukker uff em Bärg!› Sie standen auf. Der eine nahm die Zweideziguttere, die anderen bewaffneten sich mit den dickwandigen Schnapsgläslein – und so, von zwei Seiten, rückten sie gegen den Tisch des Wachtmeisters vor und sangen dazu ihr blödes Lied.»

In der Dorfwirtschaft versucht Studer die Mentalität der Bürger zu ergründen. Bei seinen Untersuchungen hält er sich nie an vorgeprägte Ermittlungsschemata. Er ist wirklich alles andere als ein «berühmter Kriminalist»! In der Gaststube trinkt er sein Bier, sein «Großes», und entziffert das Wesen der Verdächtigen. Dieses «psychologische Vorgehen», das an die Arbeitsweise des Kommissars Maigret in Georges Simenons Romanen erinnert, bringt ihm in Fachkreisen freilich nur Hohn und Mißbilligung ein. Seine eigenwillige Methode aber hat sich bewährt: «Obwohl man abgebaut worden war, obwohl man Feinde genug hatte, mußte man stets einspringen, wenn es einen komplizierten Fall gab.»

In allen seinen Kriminalromanen stellt Glauser die Diskrepanz zwischen Schein und Wirklichkeit innerhalb der bürgerlichen Gesellschaft zur Diskussion. Diese Diskrepanz offenbart sich mit ernüchternder Anschaulichkeit in einzelnen Episoden, die sich in staatlichen Musterbetrieben, im Armenhaus, in der Irrenanstalt oder in der gepflegten Gartenbauschule abspielen. So besucht Studer zu Beginn des Romans «Der Chinese» die Armenanstalt – «ein ehemaliges Kloster, das für die Besitzlosen eingerichtet worden war»: «Der Wachtmeister trat ein – und lieber wäre er umgekehrt, denn der Geruch, der in diesem Vorraum hockte, verschlug ihm fast den Atem. Es roch nach Armut, es roch nach Unsauberkeit. Hinter einer Türe links war ein dumpfes Geräusch zu hören, Studer ging auf sie zu und öffnete sie ohne anzuklopfen. Drei Stufen führten hinab in einen verliesartigen Raum, schirmlose Birnen baumelten von der Decke und beleuchteten Tische mit dicken Holzplatten, an denen Männer saßen in verschmierten blauen Überkleidern. Zwischen den Türen ging ein Mann auf und ab – wohl der die Aufsicht führende Wärter. Unbemerkt trat Studer ein, schloß die Tür und blieb auf der zweitobersten Stufe stehen. Vor den Männern standen Gamellen und Blechteller. Es roch nach Zichorienkaffee und dünner Suppe. Noch ein anderer Geruch mischte sich darein: der Geruch nach feuchten Kleidern, nach Wäsche. Die Männer saßen da, die Unterarme auf die Tischplatte gelegt, als Wall gewissermaßen, der die mit Kaffee gefüllte Gamelle und den Teller mit Suppe schützen mußte. Manchmal geschah es, daß der von den Armen gebildete Wall sich auftat; eine Hand griff zum Nebenmann hinüber, um dort ein Stück Brot zu rauben. Dann flackerte Streit auf. Endlich erblickte der Friedensstifter des Wachtmeisters massige Gestalt, mit ein paar Sprüngen gelangte er zu den Stufen und fragte – krächzend war seine Stimme –, was der Mann da wolle.»

Die Armen werden mißbraucht; sie arbeiten hart; ihre Verpflegung ist mangelhaft; sie hungern. Der Hausvater hingegen erntet die Früchte ihrer Arbeit und das Lob der Vorgesetzten aus der Stadt, der von Studer verachteten Herren «Sekretäre» und der «Großräte in Schwalbenschwänzen». Der «Hausvater» wird uns als ein «unsympathischer Mensch» vorgestellt, als ein gewissenloser Ausbeuter der Bedürftigen. Er lebt in «Wärme und Licht und Gemütlichkeit», er macht es sich vor seinem «Feuerlein im Kamin» bequem, trinkt Kognak und trägt einen Anzug von «farbiger Herrlichkeit».

Es ist kein Wunder, daß die verschmutzte und verlotterte Armenanstalt vor einem Inspektionsbesuch «aus der Stadt» auf Hochglanz poliert wird. Vor dem Besuch seiner Vorgesetzten läßt der «Hausvater» den penetranten Geruch nach Armut und Unsauberkeit entfernen: «Sie traten ins Haus, die Halle war leer. Studer stieß die Türe auf, die in den Speisesaal der Armenhäusler führte. Die Tische waren besetzt, und die Insassen trugen frischgewaschene blaue Überkleider; es roch nach Fleischsuppe. Die Gamellen bis zum Rande gefüllt und ein halber Laib Brot lag vor jedem Platze. Die Armen aßen.»

Glauser schmuggelt seine überzeugungskräftigen, unaufdringlichen Beobachtungen und Überlegungen mit bemerkenswerter Subtilität in seine Texte ein. In diesen Kriminalromanen finden sich zwischen den Zeilen aufwühlende Manifeste gegen soziale Ungerechtigkeiten, gegen politische Unduldsamkeit, gegen würdelose Vorurteile.

«Wir wissen viel von der Armut», doziert der «Hausvater». «Wir wissen beispielsweise, daß es Menschen gibt, die nie auf einen grünen Zweig kommen... Es ist nicht ihre Schuld. Fast möchte ich sagen – auf die Gefahr hin, für abergläubisch zu gelten –, daß es diesen Menschen bestimmt ist, daß es in ihren Sternen steht, daß sie arm bleiben müssen...» Mit solchen salbungsvollen Thesen hat der Leiter der Armenanstalt von Pfründisberg seine Schützlinge in eine völlige Lethargie getrieben. Sie haben sich mit ihrem Schicksal abgefunden; sie sind zu bedauernswerten Marionetten des redegewandten Mannes geworden. Der «Ordnungs»-Zustand in der Armenanstalt und im Dorf ist von totalitärem Ausmaß. Die Insassen der Anstalt werden unterdrückt, ausgebeutet und vergewaltigt. Für ihren Unterdrücker aber würden sie durchs Feuer gehen. Mit seiner lächerlichen Theorie des Pauperismus hat der «Hausvater» sie davon überzeugt, daß sie in der besten aller möglichen Welten leben. In solchen Passagen erfüllt sich Glausers Alptraum vom manipulierten und hintergangenen, vom «beschissenen» einfachen Volk. Jede geistige, moralische und materielle Entfaltung der Armen und Schwachen wird durch die Interessen der Mächtigen verunmöglicht. Wer sich gegen die Spekulationen dieses «Establishments» erhebt, wird seine Opposition bitter bereuen müssen. In dieser sauberen Welt der Ordnung werden Menschen geschunden und kaltblütig ermordet.

Auch die wenigen «offenen» Stellungnahmen des Wachtmeisters Studer zu bestimmten Mißständen im helvetischen Alltag und in der staatlichen Struktur der Eidgenossenschaft sind von sanfter, ja resignativer Zurückhaltung. Im Roman «Der Chinese» hält der Wachtmeister seinem jungen Freund Ludwig eine bezeichnende «Rede» über Vergangenheit und Fortschritt in der Gemeinde Pfründisberg. Er wendet sich vor allem gegen den blinden und im Grunde herzlosen eidgenössischen Wohltätigkeitsfimmel, der die Menschen ihres höchsten Gutes, der Freiheit, beraube:
«Da könne der Ludwig sehen, wie alles in der Welt sich verändere. Was sei zum Beispiel diese Beiz für eine schmucke Wirtschaft gewesen, früher! Ludwig solle sich das recht deutlich vorstellen: die Chaisen, die Bernerwägeli, die vorgefahren seien – schöngekleidete Männlein und Weiblein hätten das Haus betreten, in den Zimmern gewohnt, die nun leer stünden, verstaubt, Tummelplätze für Mäuse und Ratten... Dafür habe der Staat zwei Anstalten eröffnet: ein Neubau sei die eine, die andere aber so geblieben, wie sie von Mönchen aufgerichtet worden sei vor fünf-, wer weiß, vielleicht vor sechshundert Jahren. In der neuen Schule würden Gärtner herangebildet – zukünftige Arbeitslose, und in der anderen die Armen, die man nicht mehr brauchen könne, mit ein wenig Suppe und Kaffee gespiesen, um sie wenigstens nicht auf der Straße verhungern zu lassen... Sehr philosophisch war an diesem Morgen der Wachtmeister Studer von der kantonalen Fahndungspolizei... Für ihn,

sprach er weiter, hätten solche Armenanstalten immer etwas Trauriges. Er erinnere sich an Frankreich, an Paris besonders, da gebe es auch Arme – aber man lasse ihnen wenigstens das höchste Gut, das ein Mensch besitzen könne: die Freiheit. Die Polizisten drückten beide Augen zu, wenn sie einen betteln sähen; im Winter, wenn es kalt sei, säßen die Armen auf den Stufen der Untergrundstationen, um dort ein wenig Wärme zu ergattern und auf den Tag zu warten. Kurz seien die Nächte in der großen Stadt, schon um vier Uhr könne man die Armen bei den Markthallen sehen: sie hülfen den Gärtnern, die mit Frühgemüse kämen, ihre Wagen abladen, es falle ein wenig Geld für sie ab – und Essen auch. Tagsüber liefen sie durch die Straßen, und eigentlich seien die Menschen – die Arbeiter besonders – nicht geizig, hier ein Fränklein, dort ein paar Sous. Hingegen hier in der Schweiz... Er, der Wachtmeister, wolle ja nichts gegen sein Heimatland sagen. Aber diese Wohltätigkeit am laufenden Bande sei ihm immer auf die Nerven gegangen... Der Wachtmeister war guter Laune, Ludwigs Augen, deren Blau so merkwürdig glänzte, waren auf sein Gesicht geheftet, der Junge schien die Worte zu trinken – niemand hatte jemals so zu ihm gesprochen und Gedanken bestätigt, die manchmal in ihm aufstiegen. Und nun ging da neben ihm ein älterer Mann, dessen mageres Gesicht eigentlich nicht zu dem mächtigen Körper paßte, und sprach diese Gedanken aus, die nur wie Larven durch seinen jungen Kopf gekrochen waren, gab ihnen Form, ließ sie flattern und durch die Luft gaukeln wie bunte Schmetterlinge...»

Bewußt und gezielt streut Glauser, der die schweizerische «Wohltätigkeit am laufenden Bande» am eigenen Leib erfahren hat, seine bewegenden Plädoyers für die absolute Freiheit des «kleinen Mannes» in den spannenden Handlungsablauf seiner Kriminalromane ein. «Freiheit... Heutzutage weiß man ja nicht mehr, was eigentlich Freiheit ist», meditiert der für soziale Gerechtigkeit kämpfende Wachtmeister Studer. Glauser beschwört die verhängnisvollen politischen und sozialen Polarisierungen und Spannungen in der modernen Gesellschaft – jene Spannungen, die sich in den frühen Arbeiten des renommiertesten Glauser-Schülers Friedrich Dürrenmatt («Der Richter und sein Henker», 1950; «Der Besuch der alten Dame», 1955) mit gnadenloser Folgerichtigkeit zu entladen begannen. Es ist kein

Zufall, daß Glauser sich nach seinem erfolglosen Fremden-legionsbuch «Gourrama» der oft belächelten Zunft der Krimi-nalgeschichten-Autoren anschloß. «Spotten Sie nicht über Kri-minalromane!», mahnt er im Buch «Der Tee der drei alten Da-men». Sie sind heutzutage das einzige Mittel, vernünftige Ideen zu popularisieren.»

Ein unpopulärer, ein geächteter Autor hat es schwer, seine «vernünftigen Ideen zu popularisieren»! Der Morphinist, der «Verbrecher» Friedrich Glauser hat keine Möglichkeit, popu-lär zu werden. Was uns über seinen Lebenswandel bekannt wurde, ist in der Tat «hochgradig unschweizerisch», «durchaus ungemütlich» und «reichlich sonderbar». Bei der Betrachtung der Popularität des Wachtmeisters Studer dürfen wir nicht über-sehen, daß Studer diese Popularität vor allem seinem Schöpfer zu verdanken hat. Es gibt wenige Figuren in der schweizeri-schen Literatur, die von so zwingender Plastizität sind. Der scharf konturierte Wachtmeister Studer weist Glauser als einen der sorgsamsten und zuverlässigsten Porträtisten in der neueren deutschsprachigen Literatur aus. Der Fremdenlegionsroman «Gourrama» vollends besteht aus Bildern und Porträts von enormer atmosphärischer Dichte.
Dieser «Roman aus der Fremdenlegion» wurde in den Jahren 1928/29 niedergeschrieben. Erst neun Jahre später erschien er als Fortsetzungstext in einer Wochenzeitung. Die jüngste Aus-gabe stammt aus dem Jahr 1959. Sie stieß auf ein deprimieren-des Desinteresse und wurde bald verramscht.
«Mich hat der Vater in die Legion geschickt», berichtet der als «Korporal Lös» auftretende Glauser. «Hingebracht sogar, bis ins Rekrutierungsbüro nach Straßburg. Weißt du, ich hab in der Schweiz gelebt und hab dort ein paar Dummheiten ge-macht. Schulden und so. Und die Schweizer haben mich in eine Arbeitsanstalt stecken wollen. Liederlicher Lebenswandel. Und da bin ich zu meinem Vater nach Deutschland gefahren. Der hat mich zuerst wieder in die Schweiz schicken wollen. Und dann hat er gemeint, die Legion, das wird die Rettung sein. Und hat mir einen Paß verschafft, den er während der ganzen Reise in der Tasche behalten hat. Ja, in Mainz haben sie mich nicht nehmen wollen. Wegen den Zähnen. Und in Straßburg, beim Abschied, hat er dann geweint, der alte Mann. Ganz ehr-

lich geweint. Und fünfzig Franken hat er mir in die Hand gedrückt. Ja. Das war schon besser, als die Tränen. Zum Korporal hab ich's ja gebracht. Höher langt's nicht. Mein Alter hat immer geglaubt, ich komm als Offizier zurück.»

«Gourrama» ist Glausers erregendstes und eigenstes Werk. Das Buch enthält Skizzen und Studien über das Verhalten von gescheiterten und ausgestoßenen Menschen, die in einer Zwangsgemeinschaft leben müssen – in einer Gemeinschaft, die aus lauter Asozialen besteht. Diese Menschen vegetieren in einer «erfundenen Vergangenheit»: «... im ersten Ansturm mußte gleich die ganze Lebensgeschichte erledigt werden, alle waren sie Grafen, Millionäre, große Verbrecher oder Anführer, Offiziere oder Revolutionäre gewesen.» Sie suchen nach einem «Mittel, sich von der Masse der anderen zu unterscheiden, sich eine Persönlichkeit zuzulegen». Gleichzeitig aber fürchten sie «das Alleinsein mehr als irgend etwas und warteten am Morgen aufeinander, um auch in Gruppen die Latrinen aufzusuchen». Sie gehen einander auf die Nerven, sie verachten und hassen einander. Glauser porträtiert das Schicksal dieser «gezähmten» und vereinsamten «Abenteurer», dieser emigrierten Studers, mit beherzter, mit bedrückender Offenheit. Er demonstriert das Leben dieser Ausgestoßenen, die sich in einer vollkommenen seelischen Isolation befinden – in einer Einsamkeit, die «zuerst sehr komisch, fast angenehm» war: «Aber dann wuchs so eine Art Spannung, die ich einfach nicht los wurde und die nach und nach eine regelrechte Verzweiflung geworden ist. Weißt du, in den Nächten kommen dann alle Dummheiten, die man in der Vergangenheit gemacht hat, und quälen einen. Und noch etwas: daß überhaupt so eine Spannung in der Einsamkeit sich bilden kann, habe ich mir so erklärt... Ja, etwa so: wenn du in den Nächten nie allein bist, und auch am Tage nicht, so kann gar keine Spannung entstehen. Sobald du ein Gespräch führst oder einen Witz machst, so ist das doch wie eine Berührung, die du mit dem anderen tauschest... Eine Berührung, ja, fast eine Zärtlichkeit. Weißt du, wir sind so hungrig nach Zärtlichkeit, daß ein freundliches Wort, gesagt oder empfangen, genügt, um die Spannung zu lösen.»

Alle Legionäre des in der südmarokkanischen Wüste gelegenen Postens «Gourrama» sind dieser «Spannung in der Einsamkeit»

ausgesetzt. Sie hungern nach Zärtlichkeiten, nach einem freundlichen Wort. Sie schreiben Gedichte an eine Traumgeliebte, sie saufen, betrügen, sie versuchen zu fliehen, denunzieren und quälen einander. Sie glorifizieren ihre Vergangenheit, um die Gegenwart ertragen zu können. Wer sich nicht narkotisiert, wer sich der Einsamkeit widerstandslos überläßt, wird vom «Cafard», von den «schwarzen Gedanken» erwürgt. Nur die bewußte Selbsttäuschung hilft über die verheerenden fiebrigen Heimwehträume hinweg. Wer dieses Selbsttäuschungsmanöver nicht konsequent durchführt, sieht sich unversehens der großen Verzweiflung gegenüber: «Da plötzlich schüttelte den kleinen Schneider die große Verzweiflung», heißt es im ergreifendsten Einsamkeitsporträt des Buches. «Sie brach in seinen Kopf ein, peitschte Schauer durch den müden schmerzenden Körper, zerrte so heftig an allen Muskeln, daß die Beine schlotterten. Zitternd öffnete die rechte Hand die Patronentasche und legte eine Patrone auf die Erde. Dann nahmen die beiden Hände das Gewehr auf und entriegelten den Verschluß... Und zitternd zog die Rechte die Patrone ein... Um Mitternacht machte der Adjutant die Runde und fand den Toten. Er drehte den Körper mit der Fußspitze um, zuckte die Achseln und ließ ihn liegen. Am Morgen suchte er einen alten Sack, preßte selbst den Körper hinein und ließ ihn verscharren. Gegen Sonnenaufgang hatte es leicht geregnet. Die lehmige Erde war feucht. Er beaufsichtigte das Zuschaufeln des Grabes. Eine Erdscholle blieb an seinem Stiefelabsatz kleben. ‹Merde›, sagte er und schleuderte unwillig den Fuß nach vorne.»
Diese Menschen sind den immer «gleichen Gedanken» ausgeliefert, den «gleichen Wünschen, die peinigen», einem «Heißlaufen der Gedanken, gegen das selbst die Müdigkeit nichts nützt». «Es lohnt sich kaum, von ihnen zu sprechen. Sie sind so schwer in Worte zu fassen, und dann... niemand versteht sie.» In ihrer Abgeschiedenheit tauschen sie «einzelne Worte, vorsichtig und mißtrauisch, wie Markensammler seltene Doubletten austauschen».
Die Charakter- und Verhaltensstudien Friedrich Glausers sind von dynamischer Bildhaftigkeit. (So wird uns der Korporal Cleman als ein «dürrer Streber» vorgestellt, «mit einem Mund, rund und rot wie eine Kirsche, nach der seine krumme Schnabelnase stets zu picken scheint»; er «sieht aus wie ein verhun-

gerter Kellner und behauptet, der letzte Sprosse des Grafen-
geschlechtes von Mümmelsee zu sein». – Der Legionär Schi-
lasky ist «so flach und hölzern..., daß er wie eine wandelnde
Scheibenfigur wirkte». – Der sadistische Baskakoff «bediente
sich auch des Deutschen, es war eine verquollene Sprache, als
habe die Zunge nicht genügend Raum im Munde». – Im Roman
«Wachtmeister Studer» schließlich hat der Gemeindepräsident
Aeschbacher einen «spitzen Gring»; er sieht aus wie «eine Sau,
die den Rotlauf hat... Der Aeschbacher hatte merkwürdige
Augen, sehr merkwürdige Augen. Verschlagen, gescheit...
Nein, ein zweitägiges Kalb war *der* nicht!»)
Die Vereinsamung des gescheiterten Menschen, des Menschen der «Unordnung» ist in der schweizerischen Literatur nie
mit einer so schmerzlich-originellen Unbedingtheit nachge-
zeichnet worden wie in Friedrich Glausers Report «Gourrama».
Am schönen, berauschten Augenblick versuchen sich die de-
klassierten Menschen ein Leben lang festzuklammern: «‹Die
Gegenwart›, dachte Lös, ‹das ist die Gegenwart›. Die schöne
schmerzhafte Gegenwart, in der man ewig leben möchte.» Ihre
Angst läßt sich «nur mit viel Alkohol einschläfern». Sie wissen
aber auch um die Fragwürdigkeit dieser Therapie: «Und eine
Wirkung hatte dieses Getränk noch auf Lös: Es vertrieb die
Angst, obwohl er wußte, daß sie unterirdisch weiterfloß, gleich
einer vergiftenden Flüssigkeit, die alle Gewebe durchtränkte.
Vorläufig war die Angst erstarrt. Dieses Erstarren konnte man
mit jenem Prozeß vergleichen, der aus einer gesättigten Lösung
zuerst die Kristalle ausscheidet, bis die ganze Flüssigkeit schließlich zu einem Block gefriert, der nicht einheitlich ist, sondern in
seinem Innern feine Nadeln zeigt. Durch jenes Erstarrtsein er-
hielt der Körper eine gefrorene Festigkeit, die gläsern, spröde
und zerbrechlich war...»
In diesen Teufelskreis sah sich der rauschgiftsüchtige Glauser
eingespannt; seinem «Sehnsuchtsideal» Jakob Studer verlieh er
die Kraft, den «Cafard» und die Angst zu überwinden, die er
selber «nur mit viel Alkohol» und mit Morphium einschläfern
konnte. Aber auch diesem «gesitteten» Wachtmeister Studer
gelingt es nicht, sich in der Schweiz heimisch zu fühlen. Auch
er flüchtet sich in Bern stets wieder in berauschende Sehnsüchte
und Träumereien – «an den Tagen, da ihm alles verleidet gewesen war...»

46

¹ Zitiert nach Rudolf Jakob Humm «Bei uns im Rabenhaus. Aus dem literarischen Zürich der Dreißigerjahre», Zürich 1963. Glauser stellte die Skizze laut Humm seinem Beschützer Josef Halperin zur Verfügung, der sie «in einer alten Nummer der kurzlebigen Wochenzeitung ‹ABC› veröffentlichte».

² Verbindliche Informationen über sein turbulentes Leben vermitteln die von Friedrich Witz angeregten und vervollständigten Aufzeichnungen «Mensch im Zwielicht. Ein autobiographisches Stück von Friedrich Glauser» (Zürich 1939). Witz berichtete außerdem in Referaten, Nachworten usw. über Glauser, der «in frühen Jahren schon mit den herrschenden Moralgesetzen und Grundbegriffen gesellschaftlicher Ordnung in Zwist und Hader geriet» und dem «kein anderer Ausweg aus den Wirren seiner Seele mehr offen schien als die Flucht in den Lebensrausch, in die Selbstbetäubung». «Daß er auch einmal in die Fremdenlegion flüchtete, berührt den Kenner seines ungewöhnlichen Lebenslaufes gar nicht als etwas Absonderliches, eher als etwas Sinnbildhaftes; denn Glauser war und blieb auf seine eigene Weise ein Fremdenlegionär unter den Menschen.» (Aus dem Nachwort zu «Beichte in der Nacht», Zürich 1945.) In der Vorbemerkung zu «Mensch im Zwielicht» schreibt Witz: «In diesen drei Leidbezirken: Mutterlosigkeit, Heimatlosigkeit und Kriegsausbruch, sind die tiefsten und entscheidenden Gründe zu suchen für Glausers Flucht aus der Zeit in die Verzauberung, für den Griff nach dem Rauschgift, aber auch für all den dunklen Jammer der Einsamkeit, für das Grauen der Lebensangst und für die in Selbstmordversuchen sich auslösende letzte Verzweiflung.» An seine erste Begegnung mit dem «fahrig aussehenden jungen Mann» Friedrich Glauser («war's 1936?») erinnert sich Witz im Buch «Ich wurde gelebt. Erinnerungen eines Verlegers» (Frauenfeld 1969): «Er sah eher heruntergekommen aus als gepflegt. Seine Augen flackerten fiebrig, seine Rede verriet eine seltsame Ängstlichkeit, und ich dachte: ‹Lohnt es sich, das Manuskript [des ‹Wachtmeisters Studer›] vorzunehmen?› Das Papierbündel war sehr abgegriffen und schmutzig... Und dann kam er ins Erzählen. Daß er unter Vormundschaft stehe, Irrenhäuser und Strafanstalten von innen kenne, daß er ein Vagabund sei und sich mit seiner Schriftstellerei herausrappeln möchte aus dem Sumpfland; aber man wolle ja nichts von ihm wissen. Die seinem Manuskript widerfahrenen Ablehnungen seien Beweis genug.»
Leider fehlt bis heute eine «neutrale» Glauser-Monographie, in der solche Berichte und Andeutungen konkretisiert würden.

³ So findet sich beispielsweise zu Beginn des Romans «Matto regiert» (geschrieben 1935–1936) die Passage: «Studer war ein paarmal in Wien gewesen, in jener fernen Zeit, da er wohlbestallter Kommissar bei der Stadtpolizei gewesen war, damals, als die Geschichte noch nicht passiert war, jene Bankaffäre, die ihn den Kragen gekostet hatte, so daß er wieder von vorne hatte anfangen müssen, als einfacher Fahnder. Es war eben manchmal schwer, wenn man einen zu ausgeprägten Gerechtigkeitssinn hatte. Ein gewisser Oberst Caplaun hatte damals seine Entlassung beantragt, und dem Antrag war ‹stattgegeben worden›. Es handelte sich um jenen Oberst Caplaun, von dem der Polizeidirektor in gemütlichen Stunden

manchmal sagte, er würde niemanden lieber in Thorberg wissen; unnötig, an diese alte Geschichte weitere Gedanken zu verschwenden, man war kassiert worden, gut und schön, man hatte wieder von vorne angefangen, bei der Kantonspolizei, und in sechs Jahren würde man in Pension gehen. Eigentlich war alles noch gnädig verlaufen... Aber seit jener Bankaffäre lief einem der Ruf nach, man spinne ein wenig...»

Der therapeutische Dichter Albert Steffen

Es handelt sich nicht darum zu
ruhen, sondern in den Abgrund zu
steigen und zu erlösen.   Albert Steffen «Sibylla Mariana»

In autobiographischen Skizzen berichtet der 1884 im bernischen Murgenthal geborene Albert Steffen:
«Den größten Teil der Knabenzeit verbrachte ich am Ufer der Aare, badend, bootfahrend und Grappen fangend, dazwischen Heuäpfel essend, die ich mit den Kameraden aus dem Flusse fischte. Die Bäume erlebte ich mit Kletterknien, das Gras- und Grünland mit bloßen Sohlen. Wenn wir aus den Wellen stiegen, schienen die Veilchenfarben der Juraberge am schönsten zu sein. Die Elemente liebten uns. Wir spürten in traumhafter Seligkeit die Werdelust, womit sie unsere Leiber formten. Deshalb tanzten wir am Strande auf und nieder. Aber es traten mir bald die Sterbekräfte entgegen: In das Haus des Vaters, des Arztes in Murgenthal, strömten die Kranken der ganzen Umgebung, engächzig, schief, mit willenlos schwankendem Gang. Ich hörte sie spucken und gruchzen. Ich roch die Verwesung. Der Abscheu wollte sich melden. Da erzählte die Mutter, warum der Bäcker seinen Husten, der Schneider seinen Krampf, der Dachdecker sein Muskelzittern bekommen. Nun war es traurig, nicht mehr grausig. Der Ekel hatte sich in Sinnen verwandelt... Ich geriet, kaum hatte ich die Maturität hinter mir, in einen unerträglichen Zwiespalt. Es war mir eindeutig bewußt geworden, daß ich, wenn ich nicht verkümmern sollte, Dichter werden mußte, worunter ich allerdings etwas verstand, was es heutzutage kaum mehr gibt, nämlich eine Synthese von Wissenschaft, Kunst und Religion auf der Grundlage der großen Menschheitsideen. Das aber schien das ausschließlich naturwissenschaftliche Studium, wie es zu Beginn des zwanzigsten Jahrhunderts war, mit den von Laboratorien und Kollegien überfüllten Semestern unmöglich zu machen. Dies bedeutete für mich den Verlust jeder Lebensfreude. Schon trug ich meinen Jugendroman ‹Ott, Alois und Werelsche› in mir und stürmte an den Ufern des Lemansees dahin, ohne daß irgendein Mensch von dem Orkan wußte, der mich aufwühlte, am wenigsten mein

Vater. Die andere Entdeckung, die ich damals machte, war, daß in der Tiefe der Menschheit das Böse lauert, und zu dieser Menschheit gehörte man selber, man schleppte mit, bis auch der letzte Mensch erlöst war. Ohne daß man sich selber als Stufe zu einem höheren Menschentum benutzte, mußte man sinken und die anderen zur Tiefe ziehen. Das war die Problematik meiner ersten dichterischen Versuche... Nur dieser nie rastende Trieb nach Selbstverwandlung, im Sinne einer Höherentwicklung, welche alle Menschen mit sich nehmen möchte, ist ein sicheres Kennzeichen, daß jemand zum Dichter prädestiniert ist. Waltet dieser Drang so mächtig, daß er auch bei einer Katharsis der Leidenschaften, die nicht vor dem Tode haltmacht, zur Lebensstimmung, ja zur Daseinsbedingung selber wird (und jeder Künstler möge solchem Lose dankbar sein, wenn es ihm vergönnt, jahrzehntelang Verzicht zu üben), so darf man sich seinem Geschick auch überlassen... Als ich meinen dichterischen Weg gefunden hatte, lernte ich Rudolf Steiner kennen. Ich darf sagen, daß ich seine Bedeutung vom ersten Augenblick an erkannt habe. Ich wunderte mich, daß andere ihn verkannten. Ich erschrak, als ich entdeckte, wie diese Verkennung von Gegnern ausgenutzt wurde.»

Diese Notizen enthalten die wesentlichsten Hinweise auf den geistigen Standpunkt, auf die moralischen Intentionen Albert Steffens. Sie geben Steffens Willen wieder, mit seinem literarischen Werk einen Beitrag zur Veredelung, ja zur Erlösung des Menschen zu leisten. Der 1963 in Dornach verstorbene Autor bekundet die Absicht, die schwierigen, scheinbar gescheiterten Menschen verstehen und lieben zu lernen. Die «großen Menschheitsideen» liegen seinem Streben zugrunde. «Plato schaute das Gute, Schöne, Wahre als Ideen», schrieb er im Jahr 1919. «Ich erblickte diese drei im Leben.» Auf dem Glauben an das Gute, Schöne und Wahre ist Steffens Werk aufgebaut – ein Werk, das von einer einzigartigen geistigen und moralischen Offenheit und Beweglichkeit zeugt.

Albert Steffen ist einer der vielseitigsten deutschsprachigen Schriftsteller des zwanzigsten Jahrhunderts. Als Lyriker und als Dramatiker, als Prosaist und als Essayist hat er Vollwertiges geschaffen. Seine Gedichte gehören laut Walter Muschg «zum besten dichterischen Gut..., das in der Schweiz der letztvergangenen Jahrzehnte gewachsen ist». Dieses Urteil aus dem

Jahr 1945 läßt sich mühelos auch auf seine Theaterstücke, auf seine Prosa und auf seine geisteswissenschaftlichen Arbeiten übertragen. Trotz dieser Vielfalt ist Steffens Werk von einer imponierenden geistigen und poetischen Geschlossenheit. Lyrische, dramatische, epische und essayistische Elemente gehen in seinen gelungensten Werken eine bewegende Einheit ein. In der unverderbten Natur und in der lauteren Spiel-Welt der Kinder findet Steffen den Ursprung des Guten, des Schönen und des Wahren. So äußert er beim Anblick eines Kinderspielplatzes die Empfindungen (in «Sibylla Mariana», 1917): «Von diesem Ort aus wird die Menschheit neu gespeist. Wer auch nur einen Tropfen dieses Trankes auf die Zunge bekommt, ist der Selbstvernichtung entronnen. Ich erkannte, daß die Kinder das Wichtigste auf Erden tun. Sie verwandeln Licht in Leben. Alles andere Tun als ihr Spiel ist mehr oder weniger von Verwesung durchdrungen. Wir müssen diesen Spieltrieb wiederum erwerben. Er allein macht uns frei... Ich ging als Neugeborener weg.» Und im Roman «Die Erneuerung des Bundes» (1913) berichtet eine resignierte Frau: «Wenn ich so leer und öde im Herzen bin und nun die Blume da betrachte, dann ist mir, als ströme mir aus ihr ein reines, liebliches Gefühl entgegen. Und als ich letzthin lange darüber nachdachte, merkte ich plötzlich, daß es die gleiche Empfindung ist, die ich von meinem Kindlein bekommen habe, das gestorben ist, nun sind es bald fünfundzwanzig Jahr. – Und jetzt weiß ich, daß mein Liebling noch lebt und in der Blume ist. Und daß er mir wie damals schmeicheln will.» Die Pflanzenwelt ist für Steffen ein Hort moralischer Sauberkeit. Bei der Betrachtung der Bäume spürt er «die Kräfte, welche die Pflanze von Blatt zu Blüte zu Frucht im kosmischen Kreislauf durchlaufen, so innig, wie die immer wieder neuerstehende Liebe des treuesten Menschen». Die Bäume, denen er seine schönsten Gedichte gewidmet hat, begegnen ihm wie Leidensgenossen, «wie Freunde». «Es war ein Nahen, Dasein und Scheiden», schreibt er in «Sibylla Mariana». «Aber im Abschied war die Sicherheit des Wiederfindens verbürgt»:

O Baum, du wächst empor in steter Ruh,
ich komm dir nah, ich fliehe wieder weg,
ich werde niemals sein so rein wie du,
ich muß zurück zu meinem Menschenzweck.

Ich muß Verwesung dulden, die dir fern,
du kennst nicht Schein und Ekel, die mir drohn.
O Blüte, Frucht, erneutes Sein im Kern,
durch Wandlung jeder Todesart entflohn.

Wie selig, fern zu sein der Menschennot!
Und dennoch weich ich, Baum, von dir zurück.
Du kennst die Liebe Gottes nicht im Tod,
kennst seine Jünger nicht und nicht ihr Glück.

Der kindlichen Licht-Welt stehen die «Sterbekräfte» gegenüber – die Verwesung, der Ekel. Im Buch «Sibylla Mariana»
konzentriert sich der Protagonist Wladimir bezeichnenderweise
nicht nur auf das strahlende «junge Volk», dem die «Werdelust... vom Himmel herab» zuströmt. Im Gegenteil. Er lenkt
die Aufmerksamkeit des Lesers auf das Schattendasein der Hin-
terhofkinder: «In meinem Zimmer angelangt, sah ich auf den
dunklen Hof hinunter. Auch hier spielten Kinder. Nicht mehr
viele Jahre, dachte ich, und sie werden vom Dunst der Tiefe erfaßt und zerstört, um nachher selber zu zerstören.»
Gegen den zersetzenden «Dunst der Tiefe» zieht Albert Steffen
zu Felde. Er beobachtet mit Entsetzen, daß auf dem Großstadt-
pflaster «jeder den Gott in sich und den andern» vernichtet:
«Zu diesem Zwecke war die Straße gebaut, das Haus bereitet
und der Gast empfangen. Mann und Weib finden sich im
Strome. Sie leben nicht in sich, sondern in ihm. Seine Wellen
aber schwemmen alles blind dahin.» Er gewinnt freilich auch
die tröstliche Überzeugung: «Auch ich bin eins mit diesem
Fließen. Aber nicht ich, sondern der Fluß ist willenlos. Wir sind
untrennbar. Ich bin in ihm. Das weiß ich. Jedoch auch er in mir.
Und wenn ich wirklich will, geht er nach meinem Ziel.»
Die tristen Großstadterfahrungen bestärken ihn in seiner Absicht, die versumpften und verdämmernden Massenmenschen
den Abgründen zu entreißen und ihnen neue Seelenkräfte zu
vermitteln. Schon als junger Student bemühte er sich um kon-
krete Einblicke in das Dasein unseliger Untergrundtypen. Er
begehrte «das Dunkelste zu sehen» und kennenzulernen. In
seinen Aufzeichnungen «Begegnungen mit Rudolf Steiner»
(1926/1955) berichtet er über sein Vorgehen: «Um das Leben in
allen Abgründen zu durchdringen, quartierte ich mich in einer

Gasse ein, wo Elend und Verkommenheit herrschten.» Und in dem «Brief eines jungen Menschen» (in «Der Künstler zwischen Westen und Osten», 1925) steht der Abschnitt: «In einem Zimmer, das auf einen Hof des düstersten Berlins ging, habe ich die Dekadenz der Zivilisation, das Verbrechen, die Hölle, den Tod studiert. Keine Art und Abart irgendwelcher verlorenen Existenz entging meinem Studium.»

Steffen widmet sich in seinen frühen Arbeiten fast ausschließlich dem Studium des Verbrechens, der Hölle, des Todes. Er diagnostiziert das Elend und die Verkommenheit, denen der Städter mehr und mehr zu erliegen droht. Er erkennt, daß das Dunkle, das Häßliche durch verbale Aktionen nicht aus der Welt zu schaffen ist. Steffen ist alles andere als ein Schreibtisch-Weltverbesserer. Er erforscht die Ursachen geistiger und moralischer Finsternis gewissermaßen an Ort und Stelle. Er «will den Ursprung des Verbrechens schauen»; er will erfahren, «was die Tat verursacht hat».

Schon in seinem beschwingten Jugendroman «Ott, Alois und Werelsche» (1907) steht der Kernsatz: «Das erste Wort, das mein Leben formte, hieß: Häßlichkeit, das zweite: Leiden, das dritte wird heißen: Helfen.» Diese Worte des dreiundzwanzigjährigen Autors geben letztlich den Lebensweg aller Steffen-Figuren wieder. Ihr Wille, zu ordnen, zu helfen und zu heben beseitigt jede Voreingenommenheit den vom «Alltod» bedrohten Mitmenschen gegenüber. Sie verfügen über die «richtige Selbsterkenntnis» und besitzen die Möglichkeit, «‹Ich bin› zu sagen und dadurch in freier und liebender Art an der Schöpfung teilzunehmen und sie weiterzuführen»:

Ich bin Mensch,
Schöpfer an der Gemeinschaft
freier Wesen,
Miterlöser aller Kreaturen,
durch Wahrheit,
durch liebende Worte,
durch Taten, die stark sind.

Steffens Figuren leben aus der Einsicht heraus, «daß einerseits alle Menschen zusammen eine Einheit bilden und daß andererseits jeder Einzelne in sich die ganze Menschheit umfaßt». Im

Roman «Der rechte Liebhaber des Schicksals» (1916) baut Steffen diesen Grundgedanken aus: «... nun muß sich der Einzelne, der die Vollendung erreicht hat, gestehen, daß ihm die Eigenschaften der Treue und Dankbarkeit nicht zugesprochen werden könnten, wenn er die durch die Gesamtheit erworbenen Kräfte nicht dieser wiederum zuwenden würde. Deshalb steigt er von neuem zum Erdenleib herab, verbindet sich mit dessen Unvollkommenheiten, jetzt aber freiwilligerweise, um durch sie zu wiederholtem Male zu leiden und durch das Leiden sich noch höher aufzuschwingen, begeisternd, führend, holend andere, und immer mehr. So schafft der Einzelne am Ganzen, indem das Ganze ihm das Arbeitsfeld gewährt. Nie kann der Einzelne an diesem Tun gehindert werden, außer wenn er selbst nicht will. Die Arbeit, der Aufstieg, das Ziel ist nur für solche da, die diesen Weg aus eigenstem Impulse zu gehen sich entschließen.»

«Ruhe, Sanftheit, Gegenwart des Geistes» – diese Eigenschaften charakterisieren die «vom Haß geheilten» Steffenschen Gestalten. Wie die Schulleiterin Lucia (in «Sibylla Mariana») verstehen sie «die Taten des Lichtes ins Geistige» zu übersetzen. Sie begreifen «den Sinn der Sonne selbst» und wollen «vom Herrlichsten das Herrlichste erlernen»: «Sie strahlte über Gute und Böse, sie fragte nicht danach, ob sie verdunkelt wird durch Wolken, ob sie getrunken wird vom Meer, ob sie verwandelt wird in schlechtes Licht.» Lucia wirkt «als der neue, unermüdlich liebesspendende, unsterbliche Mensch». Durch ihren Edelmut scheint sie «den Mitlebenden ein Zeitalter voran zu sein». Sie fordert die «echte Herzensliebe»: «Durch sie werden wieder Gespräche, Freundschaften, gemeinschaftliche Ziele entstehen.» Seit sie zu dieser Erkenntnis gelangte, vermögen sie «die gesammelten Scheußlichkeiten der Geschichte nicht mehr zu entmutigen»: «Sie bedeuten für mich nur noch eine schnell vorübergehende Versuchung, während der ich verzweifelnd sage: Ich selbst will untergehen. – Aber nein, ich wende mich dem starken, erleuchteten, alles besiegenden Herzen zu.»

Die «äußeren» und «inneren» Rohheiten der Welt, ja «Wolkenwände von Begierden» stellen sich dem Liebeswillen der Steffenschen Figuren entgegen. Ihre hohe Gesinnung wird durch die «von allen höheren Seeleneigenschaften» abgeschnürte ruchlose Umgebung in Frage gestellt. Resignation droht sich in

den Läuterungsprozeß einzuschleichen. Moralische Stabilität gerät durch widrige Lebensumstände unversehens in Gefahr. Die Grundeinsicht aber, daß «Mutlosigkeit, Widerwille, Verachtung, Mißtrauen... nur ein Ausfluß innerer Armut» sind, bestärkt Steffens Romanhelden in ihrer Hilfsbereitschaft. Sie erfüllen den Auftrag, «göttliche Zärtlichkeit... in die öden Seelenwohnungen» zu tragen. Wie ihre schönen Schwestern Hannah (in «Ott, Alois und Werelsche»), Klara (in «Der rechte Liebhaber des Schicksals»), Dora (in «Die Erneuerung des Bundes») und Lucia (in «Sibylla Mariana») gelobt die große Haßüberwinderin Sophie (in «Die Bestimmung der Roheit»): «Ich will die tiefsten Bücher lesen, die herrlichsten Kunstwerke in mich aufnehmen und mich durchströmen lassen von den göttlichsten Idealen, will hierauf voll des hohen Inhalts hinuntersteigen in die grause Alltäglichkeit, die so verlogen, häßlich und verseucht ist, ihr darbringend als Opfer mein Schönstes, verschönernd diese dunkle Welt, will wiederum empor zum Licht, um neue Kraft zu sammeln, will leben immerzu in diesem Wellenflug, bis keiner mehr da unten weilt.» Diese versöhnungswilligen und bedingungslos mitleidenden Frauengestalten sind unfähig, «in einem Menschen etwas Niedriges zu vermuten». Über die edle Sophie erfahren wir: «So oft sie sich nur ernstlich auf sich selbst besann, sich nur genügend in sich selbst versenkte, kam auch jenes mächtige Seelenvermögen in sie, das alles Schlimme nicht nur verzieh und vergaß, nein, das es gar nicht bemerkte.»
Steffens «Sonnenkinder» haben sich dem Zugriff der Selbstsucht entzogen; sie haben erfahren, daß der Selbstlose allein «die Erde zu einem leuchtenden Gestirn» zu machen imstande ist. Die Absage an die Selbstsucht beinhaltet die Absage an die Versuchung, voreilige Urteile über einen Mitmenschen zu fällen. «Nur niemand richten», bittet die opferbereite Sophie in der «Bestimmung der Roheit». «Der Mensch muß durch das Verbrechen hindurchgehen. Es ist notwendig. Warum ihn verachten? Wer weiß, vielleicht ist die Tat, die er heute verübt, die letzte. Morgen ist er ein heiliger Mensch. Ich will ihn lieben, wie er morgen ist.»
Der Mensch hat «kein Recht, die Menschen zu verachten. Nicht dazu bist du da, daß du sie verhöhnst und richtest, sondern daß du ihnen gibst, was ihnen fehlt, daß du sie liebst». Das «Ver-

brechertum» wird für Sophie «der Gegenstand... stündlichen Nachdenkens». Wie Klara, Dora oder Lucia möchte sie «jedes Leben so erleben..., bis auf der Erde alles Kranke, Schlechte und Gestorbene zu Gottes Füßen hingelegt werden kann als unschädliche Jagdbeute». Sie bietet der «Seelengemeinheit» die Stirne: «So ging sie durch die Stadt, durch immer dunklere Quartiere. So nahm sie alles Tödliche in sich auf, alles Zerfallende, sammelte die Sterbekeime, wie Winkelried, als er die Todesspeere in sich drückte. Auch sie bahnt eine Gasse. Sie bahnt sie durch das Dunkle, das Schwere, durch den Tod zu den ewigen Gestalten einer höhern Welt.» Die Geläuterte gelangt zum Schluß, daß «das Unschöne... durch die Pracht des Himmels» nebensächlich wird; sie beobachtet, «wie nichtig das Häßliche ist gegenüber den gewaltigen Himmelsräumen, in die man tauchen kann, wenn man nur will».

Die licht- und erlösungssüchtigen Helden in Albert Steffens Romanen und Dramen sind besessen vom Willen zu geistiger und moralischer Dynamik, zu geistiger und moralischer Umsicht und Offenheit. Seelische Stagnation zersetzt das Ich-Bewußtsein des Menschen. «Stehenbleiben ist Selbstsucht», mahnt Steffen in seinem Skizzenbuch «Aus der Mappe eines Geistsuchers» (1951). Es ist nicht verwunderlich, daß er sich mit Vehemenz gegen alle Erziehungsmethoden wendet, die von vornherein jede Bewegung, jede Experimentierfreudigkeit ausschließen und erwürgen. Er ruft die jungen Menschen «zum Kampfe gegen das Alte» auf. Er vertritt die Ansicht, daß die Schule zu einem «Abbild des künftigen Erdendaseins» werden muß: «Durch sie müßte die neue Menschheit prophetisch vorgelebt werden.» Ja, er fordert die Schüler unverhohlen zur Rebellion gegen die «äußere Welt», gegen das «Snobtum der Eltern» auf: «Zertretet die Gemeinheit, ob sie euch in der Maske des Genusses oder der Autorität entgegentritt. Verherrlicht das neue Sein in euch.» Den Pädagogen legt er nahe, «selber Kämpfer gegen das Bestehende zu werden und als solche bei der Jugend Begeisterung zu wecken». Der Mensch muß sich dazu entschließen, «ein geistiger Wikinger» zu sein: «Der Entschluß entscheidet. Die innerliche Tat ist nötig.»

Steffen bildet sich beileibe nicht ein, durch seine seelische Aktivität «die immer wiederkehrenden Katastrophen» verhüten zu können. Er ist aber überzeugt, daß ein Autor, dessen Werk von «Henri Dunants Menschheitsimpulsen» geprägt ist, einen respektablen Beitrag zur Milderung des Grauens zu leisten vermag. Er warnt in einer Vorbemerkung zur Tragödie «Märtyrer» (1942): «Wer frei von Völker-Sympathien und -Antipathien, mit reinem Erkenntnisblick auf die heutige Zivilisation schaut, muß sich gestehen, daß diese ihrem Zusammenbruch entgegengeht, wenn nicht andere Geisteskräfte als jene, die sie hervorgebracht haben, eingreifen.»

Der zusammenbrechenden Zivilisation und der moralischen Verrottung setzt er die Ansicht entgegen, daß die Dichtung therapeutisch wirken müsse. Diese Idee verbindet ihn mit den großen Moralisten und Anti-Ästheten in der schweizerischen Literatur, mit Jeremias Gotthelf und Heinrich Pestalozzi. Wie Gotthelf und Pestalozzi ist Steffen ein ausgesprochener Erziehertyp. Man kann ihn getrost als einen Vollender der literarischen Weltverbesserungs-Bemühungen Pestalozzis interpretieren – als Vollender einer großen Tradition in der deutschsprachigen Literatur der Schweiz.

So wich sein frühes Bekenntnis zu Dostojewski und Nietzsche mehr und mehr dem Bekenntnis zum Vorläufer und Wegbereiter Pestalozzi. In einem Pestalozzi-Vortrag («Lebensbildnis Pestalozzis», 1939) bezeichnet er den Waisenvater als einen «Himmelsboten», als den «besten Sohn der Schweiz», als einen «durchchristeten Tell». Eines seiner bekanntesten und erfolgreichsten dramatischen Werke ist Pestalozzi gewidmet («Pestalozzi», 1939). Er schrieb das Stück aus der Erkenntnis heraus, daß wir «in rechter Art in die Zukunft» schreiten, «wenn wir auf seinen Spuren gehen»: «Seine [Pestalozzis] Ziele zu verwirklichen, ist ein Beitrag, den die Schweiz an der kommenden Menschheitskultur zu leisten hat. Sie ist durch Schicksal und Geschichte dazu vorbestimmt. Und die ganze Welt schaut auf sie, ob sie in diesem Sinne wirken will.»

Der alte Pestalozzi spielt in dem dokumentarischen Schauspiel die gleiche Rolle wie die gegen geistige und moralische Versteifung und Indolenz ankämpfenden Romanfiguren. «Gut geht es nur, wenn sich die Bösen bessern.» Auf dieser Einsicht baut Steffens Pestalozzi seine Erziehungsarbeit auf. Das Wort «Selbstachtung» steht am Beginn seines pädagogischen Wirkens:

Um ihretwillen errötet ihr, wenn ihr fehlet.
Um ihretwillen ehret ihr die Tugend.
Um ihretwillen betet ihr zu Gott und glaubt an ein ewiges
Leben.
Um ihretwillen überwindet ihr die Sünde.
Um ihretwillen ehret ihr Alter und Weisheit.
Um ihretwillen wendet ihr euer Auge nicht von der Armut und
eure Herzen nie von dem Elend.
Um ihretwillen verachtet ihr Irrtum und Lügen
und liebet die Wahrheit.
...

Kinder! Um ihretwillen wird der Furchtsame ein Held,
der Träge geschickt,
der Unbekannte verehrt,
der Niedrige erhöht,
der Verlassene errettet.

Pestalozzi ist für Steffen der Inbegriff des schöpferischen Thera-
peuten, der Inbegriff des wahren Dichters. Er repräsentiert die
von Steffen geforderte «Synthese von Wissenschaft, Kunst und
Religion auf der Grundlage der großen Menschheitsideen».
Der therapeutische Dichter vereinigt in sich die Wesenszüge
des Geistesforschers, des Pädagogen, des Arztes und des Prie-
sters. Wie der Geistesforscher versucht er die Gesetze zu ergründen, «wonach das Schicksal verläuft». Wie der Pädagoge
liest er «die Erziehungsmaßnahmen an der Entwicklung des
Kindes, seinem Geschick und Ungeschick» ab: «Die Erziehung
des Menschengeschlechts ist sein großes Ziel, das er wiederum
im Einzelfalle darstellt.» Wie der Arzt wirkt er «dem Krank-
heitsprozeß... entgegen und sucht zu heilen, wo er kann»:
«Seine Therapie besteht darin, daß er das abgestorbene oder er-
tötete Seelenleben gegenwärtiger Schicksale wiederum aufer-
weckt, so daß es sich künftig zum schöpferischen Wesen erhe-
ben kann.» Wie der Priester schließlich muß er «das Bewußtsein des Menschen mit einem übersinnlichen Gehalt» zu erfüllen suchen.
Das Plädoyer für die therapeutische Dichtung impliziert die
Distanzierung von einer Kunst, die sich darauf beschränkt, Ab-
bilder der unschönen Wirklichkeit zu liefern. Steffen wendet
sich gegen den Versuch, den Leser mit verbalen Radikalkuren

aus seiner Lethargie aufzuschrecken. Der nackte Protest gegen soziale Ungerechtigkeiten trägt zu wenig zur Beseitigung von Mißständen bei. Anklage und Empörung allein bringen keine Hilfe. Steffen verurteilt die Chaos-Schilderer, die oft selber «in der Lust des Vernichtens» leben. Zu ihnen zählt der Maler Ferruccio, über dessen Arbeit wir im Buch «Sibylla Mariana» erfahren: «Er zerstört aus Neid und Rache und meint, er sei ein Prophet. Er vermehrt die Leiden der Erde. Weiß er denn nicht, daß diese der Stern der Erlösung ist? Kann er das Ziel der Heiligen nicht schauen? Fühlt er nicht, daß seine Bilder neue Wundmale sind?»

Albert Steffens Bücher zeugen von einer objektiven Mit-Leidenschaft, die in der modernen schweizerischen Literatur- und Geistesgeschichte einmalig ist. Sein selbstloses soziales Engagement aber wurde von vielen Kritikern nie so ganz ernst genommen. Es schien ihnen vielleicht auf den ersten Blick zu brav, zu theoretisch und weltfremd zu sein. Der unvoreingenommene Leser wird freilich feststellen, daß das unspektakuläre Engagement dieses Dichters ein durchweg sachbezogenes und politisches Engagement ist. Steffens Mission ist nur als Antwort auf die politischen Zustände in der Zeit des Ersten und des Zweiten Weltkriegs zu verstehen. Die frühe literarische Aktivität Albert Steffens erscheint uns heute als die vielleicht konsequenteste und konzessionsloseste «schweizerische» Reaktion auf die kriegerischen Auseinandersetzungen zwischen 1914 und 1918.

Nur wenige Vertreter der zünftigen Literaturwissenschaft und Literaturkritik fanden sich nach Steffens «Konversion» zur Anthroposophie bereit, dieses Verdienst auf gebührende Weise zu würdigen. Durch sein Bekenntnis zu Rudolf Steiner hatte er sich ins Abseits begeben. In literaturgeschichtlichen Darstellungen wurde der einst erfolgreiche Autor bestenfalls noch am Rande erwähnt. Die «offizielle» Literaturkritik speiste den einst Gefeierten gleichsam von einem Tag zum andern nur noch mit mitleidigem und resigniertem Achselzucken ab.

Ich greife das besonders typische Urteil Emil Ermatingers heraus. In seinen Studien zu «Dichtung und Geistesleben der deutschen Schweiz» (1933) feiert er die frühen, die «voranthroposophischen» Dichtungen Albert Steffens als «zarte Blüten einer reingestimmten Seele»; die späteren Werke hingegen diffamiert er als «künstliche Glasblumen, deren helle Durchsichtigkeit nicht die Rätsel des Lebens, sondern die Gemeinlehren einer religiösen Sekte erschließt». Ermatinger erledigt Steffen als einen «Wüstenprediger, der mit monotonem Pathos immer den gleichen Gesang anstimmt».

Solchen Behauptungen hat es Albert Steffen zu verdanken, daß er mehr und mehr aus dem literarischen Leben der Schweiz verdrängt und «in die Wüste geschickt» wurde. Die von Steffen verfochtene Konzilianz vermochte sich nicht gegen die Unkonzilianz seiner Gegner durchzusetzen. Emil Ermatinger ist nicht der einzige Kritiker, der Steffen in die Kategorie der Sekten-Schriftsteller abschieben will. Er ist nicht der einzige Kritiker, der den gedanklichen Nuancenreichtum in Steffens «monotonem Pathos» zu ignorieren versucht. Er ist nicht der einzige, der die «helle Durchsichtigkeit» Steffenscher Arbeiten mißversteht.

Gewiß, Albert Steffens «Abbreviaturen des Schicksals» (Friedrich Hiebel) mögen stellenweise recht modellhaft und durchsichtig wirken. Steffen ist ein ausgesprochen aphoristischer Autor. Es ist aber ungerecht, seine Flucht in die Allegorie unter negativem Vorzeichen als Ausdruck eines «immer stärker werdenden theologischen Intellektualismus» (Ermatinger) zu deuten. In der «hellen Durchsichtigkeit» dieses Werks spiegelt sich Steffens Absage an alle inhaltlichen und sprachlichen Schwülstigkeiten. Die von Emil Ermatinger beanstandete «helle Durchsichtigkeit» ist letztlich nichts anderes als das Ergebnis eines durch weltpolitische Mißstände provozierten persönlichen Läuterungsprozesses.

Walter Muschg interpretierte Steffens «Hinwendung zur Anthroposophie» denn auch als einen «letzten Schritt auf dem Weg der sittlichen Entscheidungen, den er gehen mußte»: «Sie geschah Auge in Auge mit einer vom Teufel besessenen Welt und aus dem Wissen um die absolute Notwendigkeit ihrer Erlösung.» Emil Ermatingers Vorwurf, Steffens Arbeit erschöpfe sich in einem «logischen Abspinnen von theologisch-philosophischen Lehrsätzen», hält Muschg gerechterweise die Überlegung entgegen: «Wenn das Lehrhafte, Allegorische nun bei ihm überhand nahm, wenn er sich immer wieder in die Wüste der Abstraktion zu verirren drohte, so trug daran nicht die Abnahme seiner dichterischen Kraft, sondern die alles Maß übersteigende Not der Menschheit die Schuld, von der er gebannt war. Er blieb der Dichter, der er war, aber er opferte sich, und dieser Zwang hat seine Gestalt nur noch reiner ausgeformt. Es könnte sein, daß sie dadurch zu einer denkwürdigen Verkörperung des Dichterischen in unserer Zeit wurde, vergleichbar der Gestalt des alternden Tolstoi und wahrer als die manches Andern, der auch in einer verzweifelten Welt nie an der Schönheit irre wurde.[1]»

Steffen selbst war sich der Gefahren bewußt, die ihm bei seinen Weltverbesserungs- und Erlösungsaktionen auflauerten. «Es ist eine Eigentümlichkeit des Schweizers, daß er, sobald er Hochdeutsch spricht, etwas Predigerhaftes bekommt», konstatiert er zu Beginn des Aufsatzes «Deutsches und schweizerisches Geistesleben» (in «Der Künstler zwischen Westen und Osten», 1925). «Er läuft Gefahr, wenn er aus seinem Dialekte, der ihn eng mit der Wirklichkeit verbindet, hinauskommt, lehrhaft und abstrakt zu werden. Ist er zudem religiös in konfessionellem Sinne, so kann er kaum vermeiden, moralische Maximen zu geben. Zum objektiven Erkennen gelangt er erst nach langer Entwicklung.»

Diese Erfahrung findet man bei der Lektüre schweizerischer Autoren stets wieder bestätigt. «Predigerhafte» Akzente schlichen sich auch in das Schaffen der großen Steffen-Vorläufer Gotthelf und Pestalozzi ein. Der «trotz seiner Naivität nicht ganz selbstlose» Johann Kaspar Lavater dient Steffen als ein abschreckendes Beispiel. In Lavater erkennt er einen «Prediger, wie es deren auch heute noch viele gibt, die nicht den Willen haben, von der Moral, die zwingen will, vorzuschreiten zum freien Denken, das zur Sittlichkeit als eigenster Schöpfertat führt». Von diesen Predigern distanziert sich der selbstlose und unermüdliche Moralist Steffen, dessen ganzes Werk darauf ausgerichtet ist, zum «freien Denken», zum «freien Geistesleben» zu gelangen.

Die leichtfertige Unterstellung, Steffen schreibe eine «predigerhafte» Sekten-Sprache, die nur seinen Glaubensgenossen zugänglich sei, war seiner Popularität wohl besonders abträglich. Es ist Zeit, solche üble Vorurteile zu begraben. Der für ein «freies Denken» plädierende Steffen ist alles andere als ein Verfechter sektiererischer Ideen. Es geht nicht an, die Dichtung dieses Anthroposophen als «anthroposophische» Dichtung zu etikettieren. Steffens Versöhnungswerk ist nicht für Eingeweihte bestimmt. Es ist in inhaltlicher und sprachlicher Hinsicht frei von elitären Raffinessen. Die gelungensten Arbeiten dieses «in jeder Faser echten und wahren» Autors (Muschg) sind vielmehr von einer poetischen Simplizität, die sich in der schweizerischen Literatur seiner Zeit wohltuend ausnimmt. Steffens Fähigkeit, «den Blick für die realen Dinge... mit dem Sinn für das Spirituelle, Übersinnliche» zu verbinden, erscheint uns auch heute noch als «durch und durch modern» (Muschg). Dem geistigen Spannungsreichtum in Steffens Werk ist es weitgehend zu verdanken, daß sich die helvetische Prosa in den Jahren vor dem Ersten Weltkrieg aus ihrer heillosen Gottfried-Keller- und C.-F.-Meyer-Befangenheit zu befreien vermochte[2]. Im konstruktiven Zivilisationspessimismus dieses Dichters zeichnet sich die Grundstruktur einer von katastrophalen Umwälzungen durchsetzten Epoche ab. Der ungemein subtile Kultur- und Gesellschaftsanalytiker Steffen demonstriert in seinen «Kriegsbüchern», daß «der Zustand der Welt... eine Prüfung des einzelnen» ist. Der «nie rastende Trieb nach Selbstverwandlung» und die Bereitschaft zur Sühne allein werden das «Pflanzenwesen» Mensch befähigen, die «Sterbekräfte» zu überwinden. So zieht er im Jahr 1917 beim Anblick der «Feindseligkeiten der Staaten» den Schluß (in «Sibylla Mariana»): «Was sonst nur Ärzten und Richtern bekannt ist, was nur in Irrenhäusern und Gerichtssälen vernommen wird, trat jetzt an das Tageslicht. Der Mensch bekam zu hören, was sonst verborgen in ihm liegt, und entsetzte sich. Würde er vorher das Kriminalarchiv in seiner Seele studiert haben, so hätte er gesagt: ‹Ich bin ein Schuldiger. In mir muß die Sühnung beginnen›.»

---

[1] Aus dem Vorwort zu Albert Steffen «Ausgewählte Gedichte», herausgegeben von Walter Muschg, Basel 1945.
Walter Muschgs Vorwort ist eines der wenigen «nicht-anthroposophischen» Plädoyers für «unseren friedlichen Kriegsdichter und unseren ungewollten Expressionisten» Albert Steffen: «Die Romane, Novellen und

Dramen, mit denen er uns damals beglückte, sind wohl – obschon zum Teil vor 1914 erschienen – die Bücher, in denen die Erlebnisse des ersten Weltkrieges bei uns in der Schweiz den reinsten Ausdruck fanden... Das Leiden des großen Sterbens bildete, als geahnte Möglichkeit und dann als Tatsache, den Hintergrund zu seiner Dichtergestalt. Sie trug den unsichtbaren Heiligenschein des vergeistigten höchsten Schmerzes. Wir verehrten sie als eine Sühne für die Schändung des Menschenbildes, sie tröstete uns als ein Beweis dafür, daß ein Dichter reinen Herzens imstande ist, die menschliche Würde in seinem Antlitz zu bewahren. In Steffen paarte sich der Gram über die Entweihung der Welt mit einer spontanen neuen Kraft der Sprache. Er schreckte als Erzähler und Dramatiker nicht vor den Trivialitäten der heutigen Wirklichkeit zurück, sondern hob gerade sie mit apostolischer Kraft in die reine Luft seines Wissens empor.»
Neben Walter Muschgs Stellungnahme von 1945 sind vor allem die Arbeiten von Fritz Strich («Albert Steffen», Rede zur Feier seines 70. Geburtstages, St. Gallen 1955) und von Friedrich Hiebel («Albert Steffen. Die Dichtung als Schöne Wissenschaft», Bern und München 1960) hervorzuheben. Außerdem: Adelheid von Sybel-Petersen, «Albert Steffen. Wesen und Werk», Basel 1934; «Das Albert Steffen Buch», herausgegeben von Paul Bühler, Basel 1944. Wertvolle Hinweise auf Steffens Werk finden sich u.a. in Robert Faesi, «Gestalten und Wandlungen schweizerischer Dichtung», Zürich 1922, in Jean Moser, «Le roman contemporain en Suisse allemande», Lausanne 1934, und gewiß auch in Emil Ermatinger, «Dichtung und Geistesleben der deutschen Schweiz», München 1933. Schließlich verdient auch der freundschaftliche Steffen-Essay von Charlot Straßer Beachtung (in «Die junge Schweiz», herausgegeben von Eduard Korrodi, Zürich 1919).

[2] Steffen teilt dieses Verdienst u.a. mit Robert Walser («Geschwister Tanner», 1907), Jakob Schaffner («Konrad Pilater», 1910) und Felix Moeschlin («Die Königschmieds», 1909). Diese Autoren standen zu lange im Schatten von J. C. Heer («An heiligen Wassern», 1898; «Der König der Bernina», 1900), von Ernst Zahn («Herzenskämpfe», 1893; «Bergvolk», 1897; «Albin Indergand», 1901) und von anderen Vertretern des klassischen schweizerischen Heimatstils.

Die Leiden des Hans Calonder

Otto Wirz' Roman «Gewalten eines Toren»

Im Jahr 1965 erschien der gewaltige, in seiner strukturellen Maßlosigkeit an Robert Musils «Mann ohne Eigenschaften» und an Hans Henny Jahnns «Fluß ohne Ufer» erinnernde Romantorso «Rebellen und Geister» von Otto Wirz. Während das Buch in der Schweiz nur wenig Beachtung fand, bewunderten namhafte bundesdeutsche Kritiker und Literarhistoriker (Curt Hohoff, Karl August Horst, Fritz Martini) die unbändige Wortlust und den «übersprudelnden erzählerischen Reichtum» des 1877 in der «verruchten Stadt» Olten geborenen und 1946 in Gunten am Thunersee verstorbenen «genuinen Erzählers» (Martini). Die Anerkennung durch das literarische Deutschland hätte in der Schweiz eigentlich ein leises Interesse an Otto Wirz nach sich ziehen müssen. Die Erfahrung lehrt ja, daß sich schweizerische Literaten und Leser sehr gerne an die Empfehlungen deutscher Spezialisten halten. Im Falle Otto Wirz blieb die erhoffte Neugier helvetischer Literaturbeflissener aus. Der Mißerfolg mag freilich auch mit der nicht gerade verführerischen Aufmachung der Wirzschen Bücher zusammenhängen. Jedenfalls blieb Otto Wirz ein Gerücht. Auch die Neuauflage seines Erstlings «Gewalten eines Toren» (1923/1969) stieß auf ein deprimierendes Desinteresse. Der Einsatz Werner Günthers, Fritz Schaubs, Emil Staigers und Wolf Wirz' fruchtete wenig. Selbst die meisten jungen Schweizer Literaten kennen Otto Wirz kaum dem Namen nach.

Emil Staiger bezeichnet den zweibändigen Roman «Gewalten eines Toren» mit gutem Grund als ein «ganz außerordentliches Ereignis…, als zweifellos bedeutendsten Beitrag, den die Schweiz zur Bewegung des Expressionismus geleistet hat». Gewiß, Otto Wirz ist wohl der neben Adrien Turel «expressionistischste» Schweizer Autor. Es ist aber verfehlt, ihn so beharrlich und ausschließlich als Expressionisten zu propagieren. Wie oft griffen in den vergangenen Jahren literarische Anpreiser doch bloß zur Vokabel «Expressionismus», um aus dem Interesse Kapital zu schlagen, das der «Sturm»-Zeit vor allem in jungen Leserkreisen mit einemmal zuteil wurde! Otto Wirz verdient es, daß man ihn in seiner Außenseiterrolle akzeptiert – in einer Außenseiterrolle, die sowohl sprachlich wie thematisch bedingt ist.

Bei der Lektüre des jungen Wirz fühlt man sich allerdings immer wieder zur Suche nach Vergleichsobjekten verführt. Der Vergleich mit Gottfried Keller und mit Hermann Hesse drängt sich auf. Hesse ist für den jungen Wirz der Inbegriff des Dichters. Das Wirz-Ebenbild Hans Calonder, der Protagonist des Romans «Gewalten eines Toren», identifiziert sich geradezu mit den Hesse-Figuren Peter Camenzind und Knulp. Ja, Hans Calonder hat sozusagen den Ehrgeiz, ein Nachfolger des Landstreichers Knulp zu werden, der im Namen Gottes «den seßhaften Leuten immer wieder ein wenig Heimweh nach Freiheit» mitbringt. In Gesprächen über den von Gott geliebten Knulp tritt Calonder «mit meinem ganzen Wesen für den Landstreicher ein». Er entwickelt sich tatsächlich zu einem Landstreicher, zu einem Ausreißer. Die Bücher «Peter Camenzind» und «Knulp» begleiten ihn auf seiner Wanderschaft, in seiner «Einsiedlerzeit» – im «Mäuseloch, darin ich mich vor der ‹Katze Leben›» verkroch. Der Landstreicher Calonder entwächst freilich nach und nach dem Knulpschen Einflußbereich; wie der Autor Otto Wirz seine eigene Schreiberfahrung gewinnt, gewinnt Hans Calonder seine «eigene Landstreichererfahrung». Er verselbständigt sich: «Mit vorgerückter Zeit flossen jene beiden Figuren, der Dichter und der Landstreicher, für mich immer unverrückbarer in eine einzige Gestalt zusammen, die sich in den vielen Stunden der Nachdenklichkeit, die dem Einsamen gegeben sind, oft in meinen Umgang begab, Rede und Gegenrede mit mir zu tauschen. Die Bücher selber hatte ich mehrmals gekauft und bei kurzem immer wieder verschenkt. Nun aber bedurfte ich ihrer nicht mehr. Was mich einstmals mit so großer Gewalt in ihren Dienst gezogen hatte, war meinem Bewußtsein im Wortlaut eingeboren und aus dem Schatz meiner eigenen Landstreichererfahrung in allerlei Umformung und Erweiterung befangen.»

Im Grunde war Calonder schon immer alles andere als ein Landstreicher von Knulps Manier. Für den unseligen Hans Calonder ist der gleichmütige Knulp eine Idealgestalt, ein Wunschbild. Die «romantischen» Wesenszüge von Hesses Wandertypen gehen dem schwärmerisch-rebellischen Haderer Hans Calonder ab. Calonder ist kein geborener Landstreicher, kein «Taugenichts». Das heillose Fernweh Hans Calonders kommt nicht von ungefähr. Dieser Landstreicher befindet sich auf der Flucht – auf der Flucht vor der «Katze Leben», vor der «Philisterei und Enge dieses erbärmlichen Landes».

Die Spannung zwischen Heimat und Fremde verdichtet sich im ersten Roman von Otto Wirz zu einem beängstigenden Alptraum. Seine rabiate Auseinandersetzung mit der von sozialen Umwälzungen aufgewühlten Heimat ist bisweilen von fast masochistischer Konzessionslosigkeit. Dem Instruktionsoffizier Wirz ist politisches Verantwortungsgefühl durchaus nicht fremd. Er konstatiert zwar, daß in der Eidgenossenschaft «die besten Köpfe vom öffentlichen Leben» zurückgehalten werden. Er schwankt angesichts des politischen Lebens in der Schweiz «zwischen Zorn- und Hohngefühlen». Er fragt sich aber ernsthaft, «ob diesen Zuständen nicht vielleicht doch so etwas wie ein höheres Verständnis abzugewinnen sei». Und er ringt sich zu dem Zugeständnis durch: «Denn schließlich stellten sie in ihrer Gesamtheit nicht schlechtweg ein Bubenstück dar, sondern das Ergebnis einer langen und schmerzhaften Entwicklung des Volkslebens. Und da ging es natürlicherweise nicht an, sie aus dem Schmollwinkel des Einzelnen leichtfertig abzutun». In seinen besten Momenten gerät Wirz/Calonder sogar «in die Laune, mich als ein vollgültiges Glied der Heimat zu fühlen». Das Bild aber, das er schließlich von seiner Heimat entwirft, unterstreicht die Verlegenheit und die Resignation, in die er bei der Interpretation des schweizerischen Staatswesens unweigerlich hineinschlittert: «Und doch, recht besehen, was für ein wunderlicher Bau staatlicher Gestaltungskunst trieb hier seine ruhigen und zugleich bewegten Geschäfte! Welche Summe von Wetteifer und Rechthaberei, Zweckbewußtheit und dürrem Nutzinstinkt, unechtem und echtem Durst nach Weltstoff und Wissen konnte hier schon eine Geviertmeile gegen die andre ausspielen! Wo in der Welt war noch einmal ein so kleines Land mit so vielen kleinen und großen Lebenstiteln, die sich alle gegeneinander behaupteten, nicht zu reden von den welschen Brüdern in Süd und West, die ihre besonderen Mucken haben? Das Leben in diesem Lande glich einem Manne mit allzu vielen Talenten, die, einander unentwegt im Lichte stehend und jede kraftvolle Aktion verhindernd, allmählich zu gegenseitiger

Duldung gelangt sind, aber nicht ohne die aufrechte Überzeugung eines jeden von der ursprünglichen Torheit und Minderwertigkeit aller andern.»

Diesen Abschnitt könnte man fast als einen Entwurf zu einem Wirz-Selbstporträt verstehen. Otto Wirz nämlich war zweifellos ein Mann «mit allzu vielen Talenten». Und es scheint, daß diese Talente und Veranlagungen «einander unentwegt im Lichte» standen. Zwei Seelen mindestens bekämpften sich in Wirzens Brust. Der hochbegabte Elektrotechniker Wirz belächelte den hochbegabten Dichter Wirz; der Dichter wiederum verachtete den Zahlenmenschen, den Verfasser anerkannter ballistischer Abhandlungen («Die Treffpunktskurve und ihre Beziehungen zur Wurfkurve», «Die Seitenrichtmittel der 12-cm-Kanonenbatterien der Fußartillerie»). Der Musiker Wirz schließlich, der Gedichte von Gottfried Keller und Hermann Hesse vertonte, scheint seinerseits ein selbständiges Leben geführt zu haben. Jeder Versuch, die rationalen und die musischen Kräfte miteinander in Einklang zu bringen, war zum Scheitern verurteilt. So ist es nicht verwunderlich, daß er seine Liebe zu Hermann Hesse und seine Begeisterung über «Peter Camenzind» immer wieder zu verleugnen versucht: «Verdammt! Solch einen Schmöker muß man ausgrinsen! Der bringt ja einen ehrlichen Turbinenmenschen um alle Sicherheit! Er lächelt so schwärmerisch, hockt liebend an der Natur herum. Man sollte ihn militärisch einziehen. Des Morgens um zwei schmeiße ich das Buch mit einem Fluche weg und klage in lauter Verzweiflung: Sie, Hermann Hesse: Sie haben eine Ahnung! Und beginne die Lektüre von neuem[1].»

Wirz' unverhohlenste Liebe, die Liebe zu Hermann Hesse, zum «Dichter», war im Grunde stets eine Haßliebe. Wirz/Calonder scheint eines ungetrübten Hochgefühls, einer «reinen» Liebe nicht fähig zu sein. Er verehrt Johann Sebastian Bach rückhaltlos, schämt sich aber der Tränen, die er beim Anhören Bachscher Musik vergießt. Seine Zerrissenheit verunmöglicht jede eindeutige, jede unverkennbare Stellungnahme. Diese Tatsache muß man vor Augen haben, wenn man seine schroffe Auseinandersetzung mit den täglichen Realitäten, vollends mit der «bemerkenswerten Schweiz» untersucht.

Wirz/Calonder ist der unheiligen Spannung zwischen dem Gesunden und dem Hysterischen, zwischen dem Wohlgeformten und dem Unförmlichen, zwischen Weisheit und Tollheit ausgesetzt. Die Auseinandersetzung mit der Heimat, mit der allzu konservativen schweizerischen Bürgerschaft ist bei Wirz letzten Endes nichts anderes als eine Auseinandersetzung mit der eigenen Identität. Die Mängel, die er am «wunderlichen Bau staatlicher Gestaltungskunst» entdeckt, entpuppen sich als seine eigenen Mängel.

Wirz/Calonder unternimmt herzlich wenig gegen die «mehr oder weniger gewissenlosen» Machthaber, gegen die verhaßte «abgeriebene Minderheit», die «mit dem Ernst des Zusammenlebens Schindluder» treibt. Er verachtet die Bürger, die «urteilslosen Köpfe», die «ungeschulte erfahrungs- und kenntnisarme Menge». Sein politisches Bewußtsein aber trägt zugleich ausgesprochen «kosmopolitische» und ausgesprochen «seldwylerische» Grundzüge. Es ist bezeichnend, daß sich Wirz über Gottfried Keller «abschätzig geäußert» habe (Emil Staiger). Es ist aber auch bezeichnend, daß er sich doch recht liebevoll mit dem Schaffen des «Gründers der Stadt» Seldwyla, mit dem «Staatsschreiber Gottfried aus Zürich» befaßt: «Während... ich ein Papiermodell erschuf, Siegwarten das Wesen der Schnitte und Projektionen sinnfälliger zu machen, las ich mich in der Stille durch die Bücher des Staatsschreibers hindurch und bevölkerte meine Vorstellung mit allen seinen Figuren, ihren Taten und Schicksalen. Davon war ein Kribbeln und Krabbeln in meinem Kopfe wie von Maikäfern in der Pappschachtel. Und davon hinwieder begannen sich dunkle Keime in mir zu regen, die ich liebkosend mit mir herumtrug, des Inhaltes, dergleichen sei möglicherweise auch in meine Macht gegeben, vorausgesetzt nur, daß ich die Mucken wolle spazieren lassen.»

Seine unablässigen Versuche, sich in die Gemeinschaft einzufügen, sind von einer rührenden Naivität. Er ärgert sich zwar über den Bürger, der «unbedenklich an die Urne» schreitet; er muß aber bei einer eidgenössischen Volksabstimmung selber zugeben, daß er «vom Nutzen, oder vom Schaden des vorgelegten Gesetzes» nichts verstehe: «Ich nahm es an in der Hoffnung, es sei von einsichtigen Männern gemacht, und ich wählte die Männer des liberalen Programmes, weil es nach dem Wortklang in einem allgemeinen Sinne besser ist, liberal als konservativ zu sein.» Sein «liberales» Programm lautet: «Vaterlandsliebe, die, wenn sie da ist, die Abneigung gegen das Nichtvater-

land in sich schließt, ist nie meine Sache gewesen. Das Vaterland ist eine Menschengründung, so gut wie eine Aktiengesell-
schaft, wenn es auch langsamer und unordentlicher dabei zuge-
gangen. Man kann ihm Achtung, Respekt und Mitfühlen ent-
gegenbringen. Aber dem eigentlichen Vaterland, um dessen
willen wir da sind und an das wir unsere Liebe, ein jeder auf
seine Weise, verschwenden sollen, sind keine Grenzen gewachsen, weil die Erde rund ist.»
Dem Kosmopoliten Wirz/Calonder ist der Zugang zur patrio-
tischen Gradlinigkeit, zum Demokratieverständnis eines Keller/
Salander verwehrt. Der «Reisläufer» Wirz/Calonder, der «von
Deutschlands Gegenwart... durch einiges Dazwischenstehen
eine bestimmte Anschauung und einen eigenen Geruch» hat,
muß sich eingestehen, daß durch «diese Anschauung und diesen
Geruch... die Heimat fast etwas Fremdartiges geworden» ist.

Er gerät außerdem mehr und mehr in den Sog grundlegender
sozialer Umwälzungen. Zu den Spannungselementen, die den
Werdegang des streitbaren Utopisten Calonder beeinflussen
und drosseln, gesellt sich sein Leiden an den Industrialisie-
rungstendenzen in der Zeit vor dem Ersten Weltkrieg. Mit ra-
biaten Mitteln setzt sich der «Landstreicher» Hans Calonder
gegen den Einbruch der «Fabrik»-Welt in die heile Land-
schaftsszenerie zur Wehr: «Er umging des Tages alle Fabriken
in weitem Bogen. Des Nachts näherte er sich ihnen, warf mit
Steinen, freute sich zerklirrender Fensterscheiben, entzog sich
mit Geschick mancher Verfolgung.»
Zu seinem Haß auf «Industrieunternehmungen, Magazine,
Stapelplätze, Mietshäuserblöcke» gesellt sich mit einemmal die
«starke Anziehung, die von allen Christuskreuzen im Lande auf
ihn ausging»: «Oft kniete er lange vor ihnen. Man sah ihn an-
scheinend in der Weise der alten Kirche beten, fand ihn auch
schweißbedeckt, in seltsamen Stellungen wie erstarrt.» Der
normierte «Fabrik»-Alltag weckt in ihm eine maßlose Natur-
und Gottessehnsucht. Er verfällt einem wahrhaft bombastischen Christuswahn. Sein Erlösungs- und Erlöserfimmel erinnert in seiner beängstigenden Tiefe an die Christusvisionen
des jungen, des «expressionistischen» Hans Henny Jahnn. In
den Passagen, in denen sich Hans Calonder mit dem Gekreu-
zigten, mit dem «lebendigen Gott» auseinandersetzt, manife-

stiert sich der Einfluß des literarischen Expressionismus auf Otto Wirz am deutlichsten:

«Zornig schrieen meine Gedanken in der Tiefe. Und schon lächelte ich über sie und das töricht heiße Beginnen. – – – Der Sturm brauste in der unveränderten Macht. Der Mond neigte sich in den Untergang. Und aus dem Dreieckraum zwischen Arm und Kreuz leuchtete unverrückt im Pol der einsame Stern. Es gab eine Stille in mir mitten in der trauernden Müdigkeit und ballte sich immer tiefer aus Grab und Verdammnis, wuchtete zuletzt mit unerträglicher Last. Der gewaltsame Bau meines Widerstandes brach darüber zusammen, und eine Stimme schrie: ‹FURCHTBAR IST ES, IN DIE HÄNDE DES LEBENDIGEN GOTTES ZU FALLEN.›»

Das «Lebensgefühl» führt Hans Calonder «an den Rand des Verderbens». Er erscheint «als einer Störung des Geistes anheimgefallen»: «Lange trug er den Kopf in den Nacken geworfen und nickte von Zeit zu Zeit, als sei er mit jemand da oben im Gespräche begriffen. Er hob lauschend das Haupt, blickte zärtlich zur Seite, breitete die Arme aus, lispelte Liebesworte. Und es war, als schmiege sich eine unsichtbare Gestalt an seine Brust, der er über den Scheitel strich und mit den spielenden Fingern durch aufgelöste Haare fuhr. Später standen seine Hände wieder mit den gespreizten Fingern vor dem Antlitz in der Luft. Noch später lehnte er sich mit dem Rücken an die Stange zurück, die über ihm die Drähte trug, und schlief mit offenem Munde ein.»

Ein «an Bildern und Gesichten» reicher «Wahngeist» bemächtigt sich der «gepeinigten Seele» vollends nach der Begegnung mit der russischen Antibürgerin Lisaweta. Diese «Wölfin» versteht es, Hans Calonders letzte Bindungen an den westlichen Lebensstil zu zerstören. Es gelingt ihr, den «Toren» «durch den starken Fluß ihrer innern Beredsamkeit aufzurütteln und mitzureißen». Er widersetzt sich zwar ihren fanatischen Attakken gegen die «Eitelkeit der Ästheten», gegen die bürgerlichen «Watteverhocker und Scheuklappenträger», gegen die helvetische «Totenwüste». Im Grunde aber identifiziert er sich durchaus mit ihren Ausbrüchen gegen die «eitergenössische» Biederkeit. Lisaweta verkörpert gleichsam die aufrührerischen Aspekte in Calonders Wesen. In den Worten der jungen russischen Revolutionärin spiegelt sich sein Leiden am schweizerischen «Wohlleben». Seine «Verfolgerin» wütet:

«Hierzulande, unter euch, sind nur die Bratwürste vollkommen, der Käse und die Juristen! Daß einmal etwas Geistiges einen Sturm der Verzückung, des Schwebens im Höhern, unter euch entfesselte: *das gibt es nicht!* Der Freiheit eine Kasse! das ist euer oberster Satz. Die Würste und den Käse eßt und exportiert ihr, das heißt: wer eure Art von Freiheit samt Kasse hat. Die Kasse schließt ihr und macht sie diebessicher. Und die Juristen braucht ihr, daß um eure Freiheit und Kasse herum Ordnung sei.» Sie vermiest ihm seine Zuneigung zum «Dichter», seinen Glauben an die europäische Kultur: «Was ist eure Dichtung? Ihr habt ja gar keine! Bestenfalls einmal ist's irgend eine Detailphotographie und sonst Flitter, mit dem eure prallen Gemütsfettlinge sich auf zwei amüsierliche Stunden behängen. Nimm doch zum Beispiel mal die Kammacher!...» Lisaweta gelangt zum brisanten Schluß: «Ihr existiert hier alle aus der Berechnung, aus dem gemeinen Verstand und aus dem plumpen Gefühl der Wohllebigkeit. Nichts ist euch so ureigen wie der Hundetrab Kompromiß. Ihr wißt nichts andres, die Lebendigen nicht und die Toten nicht, eure Bücher nicht und eure Straßen und Gassen nicht. Glaub mir, Wanja: auch die Toten hier stellen sich Rechnung, wenn der Wurm vom einen zum andern geht. Nichts andres wisset ihr.»

Es ist verwunderlich, wie wenige Wirz-Interpreten sich die Mühe nehmen, auf solche antihelvetische Tiraden einzugehen! Der prominente Wirz-Freund Emil Staiger erkennt zwar, daß «das Verhältnis des Helden zu seiner Heimat... gestört ist». Staiger fragt sich auch, «wo die Gründe für diese bedenkliche Lage zu suchen sind». Er antwortet: «Sicher nicht allein in der Individualität Calonders und seines Schöpfers. Auch die Umwelt hat sich seit den Jugendtagen des Grünen Heinrich und dem strahlenden Schützenfest im ‹Fähnlein der sieben Aufrechten› verändert. Das Vaterland ist nicht mehr die von dem jungen Hediger verherrlichte ‹preiswürdige Handarbeit›, nicht mehr wie damals der natürliche Lebensraum eines klassischen Geistes.» Ja, Staiger anerkennt, daß «sogar der Staat... in ein Netz von Interessen verflochten» ist, «das nachgerade die ganze Erde umspannt». Er verdrängt aber letztlich doch die Einsicht, daß die unheilvollen Spannungen zwischen der «Heimat» und dem Dichter Wirz/Calonder das thematische Grundmuster des Romans «Gewalten eines Toren» ausmachen. Es ist nicht meine Absicht, diese Spannungen über Gebühr herauszustreichen. Es wäre auch unfair, aus Wirz/Calonders Schwierigkeiten mit der bürgerlichen Gesellschaft voreilige politische Schlüsse zu ziehen. Ein objektiv-kritischer Leser aber sieht sich doch gewiß veranlaßt, diese Schwierigkeiten als das Hauptelement, ja gewissermaßen als die treibende schöpferische Kraft in Otto Wirz' Calonder-Roman zu interpretieren. Emil Staiger jedenfalls verkennt die poetischen und thematischen Absichten Otto Wirz' und vor allem die gesellschaftspolitische Funktion des Romans «Gewalten eines Toren» vollkommen, wenn er sich zur Feststellung gedrängt fühlt: «Wenn wir also Otto Wirz in seiner wahren Größe sehen wollen, so müssen wir ihn dort suchen, wo er gar nicht mehr bestrebt ist, ein Leben mit anderen Menschen zu schildern, sondern mit sich und – um in seiner Sprache zu reden – mit Gott allein bleibt.»

Staiger übersieht, daß das Buch ja einzig von Wirzens Bestreben lebt, «ein Leben mit anderen Menschen zu schildern». Es lebt doch allein von der Konfrontation Hans Calonders «mit anderen Menschen». Was geht uns denn ein «isolierter» Calonder an – ein Calonder, den man aus dem durch die Umgebung bedingten Spannungsbereich herauslöst!? Wirz führt uns in seinem Erstling doch in erster Linie die Verlorenheit, die Isolation des schöpferisch-exzentrischen Menschen innerhalb einer «normalen» Welt vor Augen. Er stellt die Unfähigkeit dieses «homo novus» zur Diskussion, in seiner Heimat Fuß zu fassen und die von der Umwelt, von den anderen Menschen auferlegten Fesseln zu sprengen. Und er schildert schließlich die Flucht dieses verschroben-visionären «Toren» aus der (diesseitigen) «Heimat» in eine (jenseitige) Wahn-«Heimat» – eine Flucht, die sich in einem entsetzlichen Gewaltakt erschöpft.

Das sind Haupteindrücke, die ein unverbauter Leser von Otto Wirz' Buch «Gewalten eines Toren» gewinnen wird. Emil Staiger freilich ist anderer Meinung. Er bekundet herzlich wenig Verständnis für die sozialpolitische Grundstruktur der Wirzschen Arbeit. Er behauptet etwa: «Was Hans Calonder zur Arbeiterschaft vor dem ersten Weltkrieg zu sagen weiß, hat nur (!) noch historisches Interesse.» Es wäre ja wirklich schön, wenn die Spannungen innerhalb unserer «Fabrik»-Welt der Historie angehören würden! Ich fürchte, Emil Staiger macht es sich zu einfach, wenn er aktuelle soziale Konflikte kurzerhand für passé erklärt und zur Tagesordnung übergeht.

Ich will dem Zürcher Germanisten allerdings das Recht nicht absprechen, den Landschaftsbildner Wirz dem Gesellschaftskritiker Wirz vorzuziehen. Vor Staigers Erinnerung («vor unsrer Erinnerung») schweben «denn zuerst seine Landschaftsbilder vorüber». Und er äußert die Überzeugung: «Der Leser, der in seinem Urteil über das Buch noch immer schwankt, hier wird er nicht mehr zögern, den großen Dichter anzuerkennen.» Gewiß, die Landschaftsbilder stellen literarische Höhepunkte in Otto Wirz' Schaffen dar. Wer aber den «typischen» Wirz kennenlernen möchte, wird ihn bestimmt nicht in den Naturschilderungen suchen. Die Landschaftsbilder sind zwar von einer beachtlichen poetischen Dichte, ja sie sind gewiß «von einem geheimnisvollen Melos beseelt» (Staiger). Sie sind aber keineswegs einzigartig und unverkennbar. Diese «heilen» Passagen, die «die Zeichen ursprünglichen Sehens» tragen (Staiger), sagen wenig Verbindliches über das Wesen des Autors Otto Wirz oder gar über das Wesen schweizerischer Literatur aus. Sie verleihen Wirz beileibe keine Sonderstellung in der schweizerischen oder gar in der deutschen Literatur.

Eine Sonderstellung in der schweizerischen und in der deutschen Literatur nimmt hingegen die abstruse sprachliche und inhaltliche Vielfalt der Wirzschen Romanwelt ein. Ein Interpret freilich, der sich ausschließlich nach ästhetischen Gesichtspunkten orientiert, wird dieser Vielfalt nie beikommen. Die literarischen «Schönheitsleute» (Wirz) werden dieses «seelische Gekleckse» nie in den Griff bekommen. Sie werden nicht zuletzt den enormen Qualitätsschwankungen innerhalb des Buches hilflos gegenüberstehen.

Das Werk ist tatsächlich von einer fast gigantischen Unvollkommenheit. Die künstlerische Formlosigkeit scheint der charakterlichen Formlosigkeit des verzettelten Anti-Helden Hans Calonder zu entsprechen. In struktureller Hinsicht ist der Roman geradezu «unmöglich». Die stilistischen Schwächen Otto Wirz' sind nachgerade exemplarische «schweizerische» Schwächen. Wie die meisten Schweizer Prosaisten seiner Generation ist Wirz alles andere als ein «Erzähler»[2]. Es mutet so an, als ob in der Schweiz die «Krise des Romans» schon unmittelbar nach Gottfried Keller ausgebrochen sei! So bin ich mit Emil Staiger einig, wenn er etwa «die Gespräche in diesem sonst so genialen Buch dilettantisch oder verkünstelt» findet und wenn er diese Beobachtung auf die ganze deutschschweizerische Prosaliteratur überträgt. Der Roman «Gewalten eines Toren» erscheint uns zuweilen wie ein typischer Lyriker-Roman – eine Feststellung, die man auch bei der Lektüre der erzählerischen Arbeiten Albin Zollingers treffen kann.

Der «frühe» Wirz ist ein kurzatmiger Schreiber. Auch diese Tatsache verbindet ihn mit den meisten Schweizer Autoren der ersten Jahrhunderthälfte. Kurzatmigkeit scheint ein Wesenselement schweizerischer Literatur zu sein. Der gewaltige Atem eines Hans Henny Jahnn, eines Robert Musil oder eines Hermann Broch ist innerhalb der schweizerischen Epik fast unvorstellbar. Schweizerische Erzähler scheinen an poetischer Konditionsschwäche zu leiden. Ihre deutschen Kollegen scheinen weit besser «durchtrainiert» zu sein. Im Gegensatz zu den Eidgenossen verfügen sie über die «Fähigkeit, bei einer einmal gefaßten Idee auszuharren» (Jahnn). Diese Fähigkeit geht vollends einem Sprach-Asthmatiker wie Otto Wirz ab. Die «große Unruhe» verhindert jede schöpferische Gradlinigkeit, jede stilistische Ebenheit. Sie provoziert hingegen das konstruktive Mißtrauen sprachlichen Fertigprodukten gegenüber. Dieses Mißtrauen, das durch die ständige Konfrontation von Mundart und Schriftsprache gefördert wird, darf man als ein imponierendes Merkmal deutschschweizerischer Literatur bezeichnen.

Im übrigen freilich wäre es keine Kunst, das Buch «Gewalten eines Toren» in Grund und Boden zu «verreißen». Der Leser wird mit Fritz Martini allerdings auch bedenken müssen, daß Otto Wirz «eine geschichtliche Lücke zwischen Gottfried Keller dort, Friedrich Dürrenmatt und Max Frisch hier» füllt. Ein gewissenhafter Interpret des Calonder-Romans wird sich nicht darum herumdrücken, sein Urteil primär nach soziologischen, zeitgeschichtlichen, ja «dokumentarischen» Kriterien zu fällen. Dabei wird er auch konstatieren, mit welch unerbittlicher Konsequenz und Intensität der «Diskurs in der Enge» schon fünfzig Jahre vor Paul Nizons Untersuchungen geführt wurde: «Alles ist hier klein: die Städte, die Felder, die Bäume, die Entfernungen, die Menschen, die Gelehrten, die Künstler. Und was von Natur groß wäre, wird irgendwie klein gemacht, oder niedrig gehalten. Freilich ist unter den Menschen viel brauchbarer Durchschnitt da, das muß man sagen!»

An dieser Erfahrung geht der junge Künstler Hans Calonder zugrunde. Wirz' Bericht über das Scheitern des «naiven und durchaus ursprünglichen» Calonder ist in der «tragischen Literaturgeschichte» der Schweiz von erschütternder dokumentarischer Bedeutung. Calonder ist einer jener verhetzten Außenseiter, die keine Möglichkeit sehen, sich in die Gesellschaft einzufügen, die aber außerhalb der Gesellschaft erst recht aufgeschmissen sind. Er gehört zu den von Karl Krolow beklagten «tragischen Idyllikern, mit der Todesangst im Rücken und sehnsüchtig nach den Täuschungen, die ihnen ihr Nervensystem bereitet»: «Sie wissen das alles, aber sie können nicht anders... Sie veranstalten das Künstliche Paradies, dem sie schließlich nicht mehr entrinnen können. Sie finden den Stein der Weisen an jeder Straßenecke.»

Hans Calonder ist der Inbegriff des haltlosen Rebellen, der zwar um die Problematik seiner Aufsässigkeit weiß, der aber mit dem besten Willen nicht anders kann. «Ich tue, was ich tun muß in meiner Leidenschaft», rechtfertigt er sich – «nicht aus einer Verranntheit meiner Vernunft, wie ich glaube, sondern aus der Einheit meiner Triebe und meiner Vernunft.» Dieser allzu gefühlvolle Wanderer erscheint uns gleichsam als ein Spielball des Schicksals, als ein Verschupfter, dem innerhalb unserer Gesellschaftsordnung nicht zu helfen ist.

Angesichts seines gespenstischen «Auftauchens und Wiederverschwindens» zieht einer seiner Freunde das exemplarische Fazit: «An einem Berufsfeld von heute, wie hätte er sich verfangen können, jung, wie er war, und nach dem Maß seiner Weite? In einer Zeit der Zusammenballungen im Engen und Engsten war ihm kein Raum. Andern Tagen scheint seine Weise entsprungen, andrer Art waren sein Wachstum und seine Kraft. Wahrlich, viel steht zu fürchten. Und leicht mag sein, daß er... in einem verlorenen Winkel einen Rest seines Lebens fristet, von dem keine Kunde uns jemals erreichen wird und kein neuer Aufgang zu erwarten steht. Und wenn ich bedenke, wie reich er war an Fühlung und Deutung in seinen Bezügen zu Lebendigem und Totem, wie er leuchten und brennen konnte, so will sich mir erst vollends erschließen, was uns mit ihm verlorengegangen ist: ein Begeisterter und eine unerbittliche steile Glut.»

[1] Zitiert nach Fritz Schaub «Otto Wirz. Aufbruch und Zerfall des neuen Menschen», Bern 1970.

[2] Auf Ausnahmeerscheinungen wie Jakob Schaffner oder Meinrad Inglin weise ich an anderer Stelle hin.

Bekenntnisse eines Stadtwahnsinnigen
oder Die Philosophie des Sichbescheidens

Zu Hans Morgenthalers Vermächtnis

Und ich fühlte mit Schauern der Wonne, was es heißt, schaffender Künstler zu sein und getreulich bis in den Tod seiner innern Stimme zu dienen, selbst um den Preis völliger Vereinsamung, unter Entbehrung jeglichen irdischen Glückes.   *Hans Morgenthaler «In der Stadt»*

Der Berner Hans Morgenthaler ist eine der zerquältesten Gestalten in der schweizerischen Literatur unseres Jahrhunderts. Er wurde im Jahre 1890 als Sohn eines «unbescholtenen Landanwaltes» in Burgdorf geboren – «in der harmlosen Sphäre mittelschweizerischer Kartoffeläcker». Sein kurzes Leben verbrachte er «in der Stadt», «dieser unnatürlichsten menschlichen Siedlungsform». Seine Ausbruchsversuche aus dem «Bann unserer strengen, bürgerlichen Etikette» mußte er bitter bezahlen: auf einer vom «Akademischen Alpenklub» organisierten Bergfahrt erfroren ihm die Finger; die fixe Einbildung, nach einer «in paradiesischer Unschuld und Hingabe» verbrachten Liebesnacht von einer Geschlechtskrankheit, vom «Stadtwahnsinn» infiziert zu sein, überschattete sein ganzes Leben: «Und damit war mein Lebenslauf endgültig bestimmt, damit fiel nun, durch meine eigene Schuld, von Tag zu Tag länger jener schwarze Schatten über das Tal meiner Jugend, in dem ich mich, mit dem Schicksal ringend, keuchend ob meiner verscherzten Zukunft, langsam und schwankend einem ungewissen Ziel zubewegte.»
Seine glücklichsten Jahre, «Jahre unermeßlichen Erlebens», verbrachte er als Geologe im siamesischen Dschungel, wo er sich «Morgen um Morgen vor neue Wunder gestellt» sah: «Was anderes war dieser Aufenthalt im Paradies, was anderes als Flucht vor Europa, vor Sünde, Flucht vor dem brennenden Geheimnis im eigenen Herzen, Flucht... vor sich selbst? Und was nützt eine Flucht, solange sie nicht in die ewige Ruhe des Todes führt? Was habe ich jetzt gewonnen nach der Vertreibung aus dem Paradies? Stand ich dem Leben weniger unbe-

holfen, weniger verlassen und einsam gegenüber als früher?» Im gepriesenen siamesischen Urwaldland, in «jener großen, hinterindischen Stadt, wo Seuche, Elend und Tod mit dem Lächeln der göttlichen Jungfrau dem Europäer auflauern», holte sich Morgenthaler die Malaria. Nach seiner Rückkehr in die «enge, kleinliche Schullehrerschweiz», wo er dem Leben noch unbeholfener, verlassener und einsamer gegenüberstand als früher, versuchte er sich vergeblich von der Krankheit zu befreien. In Arosa und Davos und im Tessin suchte er Heilung. «Zufluchtsmöglichkeiten und Freiheiten» konnte auch dem vom Tod Gezeichneten nur noch der heillose Großstadt-Dschungel bieten.

«Ach, es hatte wenig Sinn gehabt, noch einmal heim in die Schweiz zu kommen», meditierte er angesichts der «schwer verachteten, polizeilich hergestellten europäischen Anständigkeit». «Denn wo paßte man hin? Man hätte eigentlich ruhig irgendwo dort hinten im Urwald liegen bleiben können. Nach Europa zurückgekehrt, blieb man der Herausgerissene, im Unbestimmten Schwebende und war den frühern Verhältnissen der Heimat mehr denn je entfremdet.»

In dieser Atmosphäre entstanden Hans Morgenthalers lebenspralle «Stimmungsbilder aus den malayisch-siamesischen Tropen», seine Bücher «Matahari» (1921) und «Gadscha Puti» (1929). Diese Erlebnisberichte machten den Autor für kurze Zeit bekannt. Auch seinem Tessin-Buch «Woly. Sommer im Süden» (1924), in dem sich der Entwurzelte als «ein abgerissenes und über die Alpen geschmissenes Stuhlbein» bezeichnet, war ein außergewöhnlicher Erfolg beschieden. Unter dem Titel «Das Ende vom Lied» erschien 1930 als Jahresgabe der Bernischen Kunstgesellschaft das lyrische Vermächtnis Hans Morgenthalers, das «Lyrische Testament eines Schwindsüchtigen». Die eigentümlichen, «zwischen Tradition und Ausbruch, zwischen Sentimentalität und Provokation, zwischen Überschwang und Verzweiflung, zwischen Kunstidealismus und Galgenhumor» situierten Verse (Kurt Marti) blieben einem kleinen Leserkreis vorbehalten. Für die fulminante Lebensbeichte «In der Stadt» des am 16. März 1928 verstorbenen Morgenthaler fanden sich dann in der Zeit der «geistigen Landesverteidigung» keine Interessenten mehr. Im Laufe der dreißiger Jahre erlosch die Anteilnahme am Schicksal dieses von der «Stadtseuche» und der «Asien»-Sehnsucht gepeinigten und dahingerafften Kauzes. Auch seine erfolgreichen Bücher wurden nicht mehr aufgelegt. Der ungesellige, an seinem «dreimal klugen Vaterland» Europa verzweifelte Hans Morgenthaler wurde vergessen. Erst im Jahre 1950 konnte sein Freund Otto Zinniker im kleinen Grenchener Spaten-Verlag den erschütternden Rechenschaftsbericht «In der Stadt» herausbringen. Die propagandistischen Bemühungen des Herausgebers und des Verlegers fruchteten aber wenig; die zermürbende Selbstkritik Morgenthalers, die kompromißlose «Beichte des Karl von Allmen» stieß auf taube Ohren. Das Buch wurde vom schweizerischen (geschweige denn vom deutschen und österreichischen!) Leserpublikum gar nicht zur Kenntnis genommen. Hans Morgenthaler mußte weitere zwanzig Jahre auf seine Wiederentdeckung warten.

Kurt Marti kann das Verdienst für sich in Anspruch nehmen, den verschollenen Namen wieder in das literarische Gespräch eingeführt zu haben. In seinem Buch «Die Schweiz und ihre Schriftsteller – die Schriftsteller und ihre Schweiz» (1966) wies Marti mit Nachdruck auf den «schwerblütigen Rebellen» Hans Morgenthaler hin, der seine Bücher als «rotes, blutendes, nervendurchzucktes Fleisch» betrachtete. Im Herbst 1970 schließlich präsentierte Marti im Berner Kandelaber Verlag unter dem Titel «Totenjodel» eine Auswahl aus dem lyrischen Werk Morgenthalers. Der Sammlung stellte er den Text «Dichtermisere» voran, der die exemplarischen Verse enthält:

Ich bin der kuriose Dichter Hans Morgenthaler.
Jawohl! Der Vetter von Ernst, dem bekannten Maler.
Ich habe Suppe auf dem Rock
Und Nasentropfen auf dem Kragen,
Sonst würd ich Dir, Schöne, mein Herz antragen,
So aber in meiner Wirtschaftsnot
Darf ich es fast nicht wagen.
...
Ich habe ein Leben wie ein Hund!
So werde ich nie und nimmer gesund!
So ist's in der freien Schweiz:
Elend eng und kein Bücherabsatz,
Jetzt bin ich bald vierzig

Und noch immer zu arm für einen richtigen eigenen Schatz!
Habe heute nichts zu Nacht essen können,
Um Kuvert und Marken zu sparen,
Muß meiner neuesten Verehrerin schreiben,
Sie ist eine Dame von siebzig Jahren,
Kostet mich außer dem Porto nichts
Und wohnt in einem Greisenheim.

Wie das Bekenntnisbuch «In der Stadt» sind auch alle Verse
dieses sich selber zerfleischenden Erotomanen von einer auf-
reizenden Intensität, von einer befremdlichen Offenheit. Morgenthaler ist einer der introvertiertesten und egozentrischsten
schweizerischen Schriftsteller seiner Zeit. Seine späten literarischen Zeugnisse wären ohne ihren selbstironischen Grundtenor wohl kaum zu ertragen. (Morgenthaler selbst schreibt es
seinem «angeborenen Humor» und seiner «zuversichtlichen,
neugierigen Seele» zu, daß er «bis heute nicht zerschellt» sei.)
Seine beispiellose Selbstverachtung und sein galgenhumori-
stisch übersteigertes schroffes Selbstmitleid erschöpfen sich
stets wieder in einer wahrhaft erschütternden und bedenkens-
werten vollkommenen Ratlosigkeit den helvetischen Lebensbedingungen gegenüber.
«Wie einen Brandstifter, wie einen Mörder beschloß ich mich
selber vorzunehmen», berichtet er in seiner «Stadt»-Beichte,
die er selbst «als eine Art Ersatz für den im rechten Augenblick
leider unterlassenen Selbstmord» interpretiert. In seinem Rück-
blick auf sein verpfuschtes Leben betrachtet und behandelt er
sich selbst als einen «elenden Krüppel» und Stümper, als einen
haltlosen «Lump», als einen Verbrecher. Er leidet an der
«Krankheit der Selbstzerfleischung und des Zweifels», lehnt
sich aber letztlich in masochistischer Erregung gegen alle
Seelentherapien auf: «Die Art, mich selbst nicht gerade zart zu
behandeln, die Selbstquälerei, die ich trieb, begann sich zum
System zu entwickeln, zu einer Methode, sie wurde zum Rausch,
zur Medizin.» Der maßlose Nikotin- und Alkoholgenuß fügte
sich organisch in sein systematisches Selbstvernichtungspro-
gramm ein:

Noch eine von den schwarzen Giftzigarren!
Und noch ein Krüglein gift'gen Wein!

Rausch, Rausch, du einz'ger Zustand würdig eines Mannes!
Wenn ich ein großer Künstler wäre,
Hätt ich den großen Arbeitsrausch als Trost,
Den Trost des Könners...
So aber in der dumpfen Not
Der stümperhaften Ungenügendheiten
Muß ich im Gift den Rausch mir kaufen,
Muß, jenes stille große Arbeitsglück entbehrend,
Der höllischen Verzweiflung wehrend,
Mich einsam in der Welt zu Tode saufen.

Betäubung, Trost tut Not
In diesem trüben Jammertale,
Wenn einst die helle, starke Sonne naht,
Sauf ich zum letzten Male.

Der von Morgenthaler verehrte Hermann Hesse betonte, er habe «kaum je einen hochbegabten Menschen gekannt, der so sehr seine ganze Kraft und Begabung dazu verwandt hätte, sich selber zu quälen und zu zerstören». Die erschreckend folgerichtige psychische und physische Selbstverstümmelung Hans Morgenthalers kann letzten Endes nur als verzweifelte Abwehr- und Protesthandlung gegen die sture Selbstgerechtigkeit und Verständnislosigkeit der schweizerischen und europäischen Bürgerschaft gedeutet werden. In seiner fatalen Trotzhaltung dem «unwissenden, lärmigen Volk von Menschenfressern», den «unheiligen Europäern» gegenüber, steht Morgenthaler den großen Querschlägern in der modernen schweizerischen Literatur nahe. Auch Robert Walser und Friedrich Glauser, auch Jakob Schaffner, Albin Zollinger und Alexander Xaver Gwerder richteten sich, als glücklose Opponenten gegen die helvetische «Pfahlburg» (Gwerder), selber zugrunde.
Der stachlige Außenseiter Hans Morgenthaler vollends wandte sich nach seinen «glücklichen, heißen Lehrjahren im Dschungel» mit missionarischer Vehemenz gegen die «tierische Blödheit der Menge», gegen die «sklavische Unterwürfigkeit, mit der sie sich ohne zu murren unter die Herrschaft der Stadt, in eine Unkultur einordnen läßt, die ich als unnatürlich, falsch und grausam empfinden lernte». Er wütete gegen den «Durchschnittstyp, der Geld verdient, sich amüsiert, frißt und seine

Schlacken auswirft wie eine Maschine». Er wünschte «sehn-
lichst, ein Wilder im Urwald zu sein oder doch ein simpler
Bauernbursche, wie ich ihn aus einsamen Tälern kannte» – «so
einer, der keine Ahnung hat von der Stadt, der jeden Tag hin-
nimmt wie er kommt..., der noch nicht in seinem Innern diese
verzehrenden Wünsche hat nach geheimnisvollen dunklen
Straßen, nach den Abgründen der Stadt; einer, der... frei ist
von aller Selbstquälerei und ein wenig wie ein Tier sein Leben
lebt».
Schließlich hatte der im «Sternbild des Untiers» Geborene «ein
derart abscheuliches Bild von mir selbst im eigenen Kopfe, daß
ich niemandem mehr zumuten konnte, mit einem solchen Kerl
etwas zu tun zu haben». Sein gnadenloser Selbsthaß veranlaßte
ihn, seinen «hübschen, gutbürgerlichen, ja fast aristokratischen
Namen» zu verstümmeln; er verkroch sich hinter dem Pseudo-
nym «Hamo» – «diese Abkürzung mochte für einen solchen
Halunken genügen». «Wer weiß, hätte ich nicht früher an der
Hochschule Ästhetik gehört, so wäre ich wohl zu noch ganz
anderen Repressalien gegen die Gesellschaft, gegen mich selber
fähig gewesen.» Er kokettierte mit dem Tod, mit dem Selbstmord, war aber «dennoch entschlossen, zu leben, zu sühnen
und etwas Wertvolles zu leisten».
Seine Lebensfähigkeit aber erschlaffte. Für die «kleinste Betä-
tigung» brauchte er «endlose Stunden»: «Mein Bad, das Ra-
sieren schob ich vor lauter Energielosigkeit hinaus, bis ich fast
stank, nicht weil ich kein Geld oder keine Zeit dafür gehabt
hätte, ich weiß nicht recht warum, jedenfalls aber um mich zu
strafen». Er verlor in diesen «Tagen des Entsetzens» jede Kon-
trolle über sich selbst, «da ich vor lauter Ziellosigkeit im Kreise
herumlief». Er verrannte sich in einer totalen Isolation, versank
in einer grauenvollen Passivität und Anonymität. Er «konnte
etwa einen Plan fassen, statt ihn aber auszuführen, das gerade
Gegenteil tun»: «Ich konnte ausgehen, um Tinte zu kaufen,
und mit einem Paar völlig überflüssiger Hosenträger heim-
kommen. Ich konnte Mantel und Hut anziehen, mich für einen
Spaziergang rüsten, statt wirklich auszugehen aber aufs Kana-
pee liegen und schlafen.» Den Zerfall seiner eigenen Identität
verfolgte er mit überreizter Aufmerksamkeit.
Wer trug die Schuld an seiner Verworfenheit, an seiner unheilbaren Lethargie, an seinem Unglück? Diese Frage zerquälte

schon den jungen Studenten der Naturwissenschaften. Morgenthaler war stets bereit, die Hauptschuld an seinem schmählichen «Versagen» zu übernehmen. Doch der masochistische Wahrheitsfanatiker mußte sich selbst auch einige mildernde Umstände zubilligen: «Nein, Schuld war da eigentlich keine. Schuld war die Stadt, schuldig waren die Verhältnisse, die einem keine andere Wahl ließen.» Die Schuld an seinem chaotischen Untergang schob er schließlich unverhohlen den «einfältigen» «Kaffeekränzchenaffen» aus der «besseren Gesellschaft» zu – jenen «Tanzkränzchenkönigen», die «nie maßlos dreinfuhren, weil es verboten war. Die mäßig tranken, ihren besten Gefühlen die Fesseln des Anstandes anlegten» und die «vom Morgen bis zum Abend logen und als Schablonen, als die gelenkig-willigen Marionetten dieser faden Stadtkultur lebten». Er beklagte das «mehr und mehr überhandnehmende Verkümmern der Originalität». Das «seichte, frühalte, abgestorbene» bürgerliche «Durchschnittswesen», das keine genialischen Widerborstigkeiten neben sich duldet, trieb ihn nach und nach auf die «schiefe Laufbahn», auf die «Verbrecherlaufbahn». Seine Vereinsamung und seine Resignation vollendeten sich angesichts der «blassen Blasiertheit» des Bürgertums, das «ohne die mindeste Hoffnung auf gelegentliches Werden von etwas Außerordentlichem» dahinvegetierte. Diese von «lausigen Schulmeistern» erzogene Gesellschaft schob von vornherein jeden Versuch, «etwas Vollkommenes... in diese Welt der Unvollkommenheit hineinzustellen», als «Spinnerei» beiseite: «Die Wohlversorgten sagten: ‹Von Allmen macht in Philosophie und spintisiert; es heißt, er schreibe an einem Buch, schon seit einiger Zeit. Schade um ihn.›»

Der würdige Protest des Schriftstellers Hans Morgenthaler gegen überholte bürgerliche Moralbegriffe und seine Klage über die höhnische Mißachtung jeder schöpferischen Arbeit sind von beispielhaft-verbindlicher Bedeutung. Anklage und Klage Morgenthalers sind primär gewiß subjektive Äußerungen eines egozentrischen Einzelgängers. Seine Erfahrungen decken sich aber bis in alle Details mit den Erkenntnissen und Einsichten der namhaftesten Schweizer Autoren seiner Zeit. (Konzessionsloser und schmerzvoller als das Hippie-Idol Hermann Hesse hat Morgenthaler auch die Befreiungsbemühungen der amerikanischen und europäischen Pop- und Beat-Generation vorweggelebt.) Im Nachwort zu seiner Auswahl aus dem lyrischen Werk Hans Morgenthalers behandelt Kurt Marti den Dichter mit Recht «als exemplarischen Fall eines schweizerischen Schriftstellerschicksals, ja als Beispiel eines in seinem Scheitern für die letzten Jahrzehnte und bis heute für die schweizerische Situation typischen Emanzipationsversuches».

In der Tat hat sich kein Schweizer Schriftsteller der Walser-Generation mit einer so treuherzigen Zielstrebigkeit an diesen mühevollen Emanzipationsversuch herangewagt. Hans Morgenthalers Auseinandersetzung mit dem schweizerischen und europäischen Bürgertum, sein Ansturm gegen die geistige und moralische Stagnation im öffentlichen Leben der Schweiz ist von einer rührend-naiven Direktheit. In seinen letzten Versen und Notizen stellt er mit aufstachelnd objektiver Eindringlichkeit die unheilvollen Spannungen zwischen bürgerlicher Anständigkeit und künstlerischer Extravaganz zur Diskussion.

Dem Heimatschein nach bin ich ein Berner.
Meine Ahnen aber kommen von Berlin.
Vielleicht sollte auch ich dahin.
Sie waren Erfinder, Querköpfe, Genies.
Einer erfand ein neues Gemüs,
Ein anderer die Anilinfarben.
Ich dagegen muß als armer Schweizer Schriftsteller darben.

Das Werk Hans Morgenthalers ist ein ergreifendes Manifest gegen jene Intoleranz und Lieblosigkeit, die ihn in die Klauen der «Stadtseuche» getrieben hat: «Warum, Europa; warum, dreimal kluges Vaterland, gabest du deinem Sohn alles, alles zum Leben, nur das Eine, Einzige, Nötigste nicht: die Liebe?» Seine Liebessehnsucht war auch in seinen letzten Tagen ungebrochen. Die unverdrossene Hoffnung auf die Erfüllung seiner Liebesträume verhalf ihm «immer wieder zu neuem Flug».

Was kann ich dafür, streng nüchterner Herr,
Daß ich gerade in Deine Tochter
Meinen neuesten Traum
Von weiblicher Anmut legte.
Es wird wohl nicht Zufall sein,
Daß ihr schönes Gesichtchen,

Ihr Himmelauge,
Daß ihre bis zur Achsel nackten Arme
In der Morgensonne unterm roten Schirmchen
Mich armen Teufel bezaubert haben.
Sie hat sich zutraulich genähert,
Hat mich unvorsichtig angeguckt.
Es ist nicht meine Schuld.
Was kann ich dafür,
Daß ich jetzt glaube,
Sie könnte mir das Leben retten!

In diesen späten lyrischen Versuchen, «über einen bänkelsängerischen Ton hinaus zu einer brutal-aufrichtigen, sozusagen antipoetischen Poesie vorzustoßen» (Kurt Marti), vollendete sich seine Absage an den normierten bürgerlichen Alltag. Die «Philosophie des Sichbescheidens», die auch den Werken Robert Walsers und Friedrich Glausers zugrundeliegt, bewahrte ihn vor jeder inhaltlichen und poetischen Gestelztheit und Unbedachtsamkeit.

Es scheint, mein Leben will jetzt entfliehen
Sich definitiv der Schweiz entziehen.
Ich konnte die richtige Gattin nie finden
Drum muß ich so hundsmiserabel hinschwinden
Auch sonst bin ich neuerdings aufgehetzt
Mein Verleger hat mich vor die Türe gesetzt.

Habe kein Geld mehr, um Nuditäten zu kaufen
Muß jetzt billigen starken Chianti saufen
Ich liebe jetzt diesen Alkohol
Er tut mir bis zur Zehe wohl
Während die Weiber
Und ihre Leiber
Diese Spaßvertreiber
Weniger wichtig geworden
Mich nicht weiter ermorden.
Ich pfeife nicht,
Ich pfeife doch
Ich pfeife auf dem letzten Loch
Und werde nächstens sterben.

Schon nach seiner Rückkehr aus dem siamesischen Paradies mußte sich Morgenthaler eingestehen, daß ihm «in der alten Heimat» nicht mehr zu helfen war – «unter Leuten, die am Verzweifeln, die zu kurz gekommen sind, unter Gefoppten, Miauern und Rätschern». So vollzog sich denn auch der endgültige Abschied von der «geschraubten, unwahren Kultur», vom «europäischen Schwindel» ohne süffisante Bitterkeit, ohne pathetische Überheblichkeit. Er hatte «genug von dieser Welt», in der man seine «heiligsten Gefühle» verlachte.

«Heim und Heimat hab ich nicht gefunden», notierte er in einem seiner letzten Gedichte. In seinem Nachlaß fand sich die Bitte: «Gebt mir meine Bambushütte wieder, die zwitschernde Nuk und zwei Diener, und ich werde weiter an die Welt glauben.»

Ludwig Hohl – das bekannte verkannte Genie

Seit Jahrzehnten gilt der im Jahre 1904 in Netstal im Kanton Glarus geborene Ludwig Hohl als ein «verkanntes Genie», als ein «Geheimtip». Seit einigen Jahren gehört es nachgerade zum guten Ton, sich zu dem angeblich in einer Genfer Kellerwohnung vegetierenden «Aphoristiker» bekannt zu haben. Über diesen Ludwig Hohl kursieren die wildesten Gerüchte. Die zahlreichen Hinweise auf den Dichter haben die Gerüchte nicht beseitigt; nein, die oft etwas selbstgefälligen, ja snobistischen «Versuche über» haben Hohl vollends zur Legende, zum Mythos gemacht. Hohl ist der schweizerische Ezra Pound. Was geht aus den «Hinweisen auf» und den «Versuchen über» Ludwig Hohl hervor?

«Ludwig Hohl, das ist unaufhörliche Selbstabtragung in etwas Gedachtes hinüber», heideggert Werner Helwig in *seinem* «Versuch über Ludwig Hohl» (in «Die Tat» vom 12. April 1968). «Dieses Gedachte baut er gleichsam neben sich als seinen eigentlichen Lebensleib auf. Er schwindet in dem Maße, als jenes zunimmt. Aber es ist jenem die teuflische Möglichkeit eigen, in verschiedenen Formen, zu verschiedenen Architekturen zusammenzuwachsen. So nimmt Hohl diese Baukastenelemente dieses Gedachten immer wieder auseinander, um neue Zusammensetzungen zu versuchen... Die Spinne Hohl kennt keine Pause. Und während Schlaf ihn lähmt, ist das Netzgespinst passiv tätig. Ungreifbares verfängt sich darin, wird erstaunt gehortet, wenn der Dichter seine Fangmechanik inspiziert. Aber was es sein möchte, wird weder er noch wir, seine Leser, jemals im völligen Zusammenhang erleben. Hölderlin notierte in den Tagen seines Wahnsinns: Was hier wir sind, kann dort ein Gott ergänzen. Doch ihm, Hohl, scheint das eine Zusicherung, der nicht zu trauen ist. So geschieht sein Tag in unablässigem Fädeln und Weben, Einsammeln und Anheften. Bis es einmal der letzte sein wird.»

Solche rhapsodische Deutungsversuche bringen uns die «Spinne Hohl» (!) und Hohls «eigentlichen Lebensleib» nicht näher!

«Ludwig Hohl – der Name dieses Schriftstellers ist ein Ge-

rücht», stellte das Zürcher «Sonntags-Journal» am 3. Mai 1969
fest. Wie beseitigt man ein Gerücht, das durch unbedachte,
wolkige Zelebrationen noch und noch intensiviert wird? Das
Hohl-«Gerücht» läßt sich gewiß nicht mehr restlos beseitigen.
Peter Bichsel ärgert sich: «Wenn ich irgendwo den Namen
Hohl erwähne, kommt unweigerlich die Frage: ‹Ist das der,
der im Keller lebt?›»
In der Tat ist Ludwig Hohl für das Leserpublikum «der, der im
Keller lebt». Er ist derjenige, der den berauschenden Getränken
mit maßloser Leidenschaft zugetan ist. Mit besonderer Vor-
liebe trinke er Kognak. Mit einem Luftgewehr mache er in
seinem Zimmer gefährliche Schießübungen; die Weinbauern
von Schernelz soll er «mutwillig mit seinem Stellmesser erschreckt» haben; er verfüge über geradezu phantastische kör-
perliche Kräfte.
Und Dürrenmatt soll diese Späße finanziell unterstützen!
Jörg Steiner hat aus Hohls «Bekanntenkreis» erfahren, der
Meister sei imstande, «von einem Ende des Bielersees zum andern Ende des Bielersees und zurück» zu schwimmen; er sei
«nachts ein Nachtwandler, aber auch sonst ein unermüdlicher
Kletterer». Der besorgte Werner Helwig teilt mit, daß Hohl
«dem Anspruch, den er selbst geschaffen, ausweichen» möchte:
«Mittel ist der Rausch. Gesellschaft leisten ihm dabei herrenlose
Katzen, die ihm zulaufen, als bestünde da eine Elendsbeziehung
auf Gegenseitigkeit». Hohl lausche den Schritten seiner Be-
treuerin nach; «wenn sie ihn verläßt, wird er von Angst erfaßt
bei der Vorstellung, daß sie ausgehen könnte. Von Verzweiflung geschüttelt, in Schreikrämpfe ausbrechend, droht er zuk-
kenden Gesichts nach oben. Was wird sein, wenn er eines
Nachts, vom Rausch übermächtigt, gegen den jämmerlichen
Eisenofen stürzt, von dem er schimpfend Wärme erwartet. Wird
sein Werk, dessen einzelne Kostbarkeiten ihn alles kosteten, in
Feuer aufgehen, ohne je Welt geworden zu sein?»

Hohl lebt also in einem Kellerloch. Er hat eine «Elendsbeziehung» zu «herrenlosen Katzen». Er wird «von Verzweiflung
geschüttelt», bricht «in Schreikrämpfe» aus; ja, er «droht...
zuckenden Gesichts nach oben» (!)... Solche pathetische Erläuterungen zur äußeren Erscheinung, zum «Auftreten» des
Schriftstellers Ludwig Hohl sind letztlich doch völlig uninter-

essant. Solche Beschwörungen des Hohlschen Kellerlochs tragen nichts zum Verständnis von Ludwig Hohls Werk bei. «Hohl ist nicht einer, der im Keller lebt, sondern einer, der schreibt», gibt Peter Bichsel in seinem Artikel «Der große Untalentierte» zu bedenken. «Hohl ist nicht einer, über den es viel zu sagen gibt, sondern einer, der etwas zu sagen hat. Hohl als Legende zu verkaufen, ist gemein. Man drängt ihn damit unter jene Autoren des 19. Jahrhunderts, deren Biographie mehr Gewicht hat als ihr Werk. Man liefert damit der Gesellschaft ein Argument mehr, ihn nicht zu lesen, denn Hohl-Anekdoten reichen aus, das literarische Gespräch im Salon einen Abend lang zu füttern.»

Diese Mahnung sollten die allzu eifrigen «eingeweihten» Hohl-Interpreten endlich beherzigen. Sie haben diesen Autor zu einem lächerlichen, grimassierenden Clown entwürdigt, der «zuckenden Gesichts nach oben» droht. Sie haben ihn zu einer antibürgerlichen Exklusivität, zu einem genialischen Bürgerschreck gemacht. «Geheimtip-Jäger machen aus der Literatur ein Wettgeschäft», notiert Bichsel, «sie sind daran interessiert, daß der Außenseiter ein Außenseiter bleibt, und daß sie zu den wenigen gehören, die den Tip kennen.» Diesen «Geheimtip-Jägern» ist es zweifellos gelungen, Ludwig Hohl in die Rolle des «Geheimtips» zu drängen. Sie haben damit einen streitbaren, «aktuellen» Autor ent-aktualisiert und ästhetisiert.

Ludwig Hohl ist seit Jahrzehnten einer der bekanntesten, einer der am eifrigsten diskutierten Schweizer Autoren. Die Diskussionen über Ludwig Hohl basieren aber zur Hauptsache auf den Mutmaßungen über seinen legendären Lebenswandel – ein ernsthaftes Gespräch über den Autor Hohl hat noch nicht begonnen. Welcher seiner Verehrer, seiner Fans hat seine Bücher gelesen? Hohl ist zu einem ungelesenen Modeautor geworden, zu einem Autor, über den man «im Salon einen Abend lang» werweißen kann. Jedermann findet ihn vorzüglich, ja, man findet ihn «genial». In der Tat scheint dieser Ludwig Hohl alle Wesenszüge zu besitzen, die einen «begnadeten», einen «visionären» Dichter kennzeichnen und ausmachen. Hohl ist ein Magier, ein «Seher» – er scheint die Inkarnation des Phänomens «Dichter» zu sein. (Ich kann mir vorstellen, daß er das Bild repräsentiert, das der Bürger sich von einem Dichter macht!) Er scheint in anderen Sphären zu leben; er scheint nicht von dieser Welt zu sein. Es ist wohl kein Zufall, daß auch Werner Helwig ihn mit dem Inbegriff des visionären, des dämonischen deutschen Dichters, mit Friedrich Hölderlin in Verbindung bringt! Wer Hohl als ein (verkanntes) «Genie» besingt und beklagt, erweist ihm einen schlechten Dienst. Hohl ist kein «verkanntes Genie»; er ist ein hochbegabter Schriftsteller, dem unsere kritische Aufmerksamkeit gebührt.

Ludwig Hohl ist kein verträumter Bohemien. Er ist ein aggressiver Haderer. Sein Hader richtet sich gegen sich selbst, gegen die Schweiz, gegen die Sprache, gegen das «Detail». Die meisten seiner Bücher sind seit Jahrzehnten vergriffen und vergessen. Diese Bücher stammen von einem krankhaft subjektiven Polyhistor, der um jeden Preis objektiv sein möchte. Die Spannung zwischen einer oft ärgerlichen und gehässigen Subjektivität und dem krampfhaften, fast sturen Suchen nach einer vollkommenen Objektivität kennzeichnet das Werk Ludwig Hohls. In seinen programmatischen «Nuancen und Details» (1939/42; Neuausgabe 1964) und in seinen «Notizen» (1944/54) präsentiert Hohl *seine* Feststellungen. In diesen (aphoristischen) Büchern spricht er gewissermaßen «ex cathedra». Seinen unwiderruflichen Definitionen liegt sein subjektives «innerstes Wissen» zugrunde: «Nur das, woran du Glauben hast, rettet dich», schreibt er im ersten Teil des Buchs «Nuancen und Details». «Das, woran du nicht ganzen Glauben, sondern manchmal Zweifel hast, rettet dich nicht. – Dieser rettende Glauben ist nichts anderes als Wissen im höchsten Begriff, innerstes Wissen.» Diese Bücher vereinigen die Summe seiner ganz privaten Wahrnehmungen und Einsichten. Die zweibändige Arbeit «Die Notizen oder Von der unvoreiligen Versöhnung» und die Sammlung «Nuancen und Details» enthalten das poetische und das philosophische Programm Ludwig Hohls. Seit der Publikation dieser Bände wird Hohl von der literarischen Kritik als «Aphoristiker», als ein Nachfahre Lichtenbergs behandelt. Solche leichtfertige Vergleiche vertiefen die Hohl-Legende. Diese Legende hat Hohl eine seltsame Unantastbarkeit verliehen. Das «Genie» Ludwig Hohl ist sakrosankt. Der Autor Ludwig Hohl aber hat auch unseren Widerspruch, unseren Einspruch verdient. Neben bestechenden und treffenden Passagen präsentiert Hohl in seinen frühen Hauptwerken auch eine Unmenge unverbindlich-naiver, platter und belangloser «Aphorismen» und Bemerkungen. Zu dieser simplen Erkenntnis kommt man, wenn man den unseligen Mythos «Hohl» ignoriert und sich «nur» an die Bücher des Zeitgenossen Hohl hält.

Die kritische Auseinandersetzung mit den «philosophischen» Arbeiten Ludwig Hohls ist freilich unergiebig. Hohls «Notizen» und seine «Nuancen und Details» kann man akzeptieren oder rundweg ablehnen. «Wer bei Hohl Meinungen sucht, wird nie etwas begreifen», erkennt Bichsel. «Ludwig Hohls Sätze sind nicht Meinungen, es sind Feststellungen. Sie sind nur begreifbar, wenn man sie anerkennt als die eigene oder die andere Front.» Hohl selber stößt seine Kritiker vor den Kopf: «Jedem ist es gestattet, mich zu widerlegen; – aber die erste Bedingung, um mich zu widerlegen, ist, zu wissen, was ich gesagt habe.» In einer Fußnote fügt er hinzu: «Und das wird, wer nur Einzelnes liest, wer dieses Buch [«Die Notizen»] als eine Sammlung von Aphorismen auffaßt, wer nicht in den Sinn des Gesamten des Werkes eindringt, nie erfahren.»

Hohl selber verteidigt sein Werk, seine «Philosophie» immer wieder mit einer geradezu rührenden Heftigkeit. Er überschätzt die Bedeutung und die Wirkung seiner «Notizen» gewaltig. Die gehässigen Attacken gegen die Schweiz, gegen den Dialekt, gegen die Theologie, gegen Gottfried Keller oder gegen die Hunde wirken letztlich unbedacht, überheblich und banal. Die meisten «kritischen» Passagen in diesen «Notizen» sind von einer überspitzten Subjektivität. So wettert Hohl gegen die Hunde: «Ob es wohl einen Mann von Geist geben kann, der Hunde *achtet*?... Allein die *Töne,* die die Hunde abgeben –: gibt es denn einen denkenden Mann, in dem nicht *das* schon die Gedanken tötet?... Gibt es etwas Stupideres als eine Hundepfote?... Mit dem Hund verglichen wird die Wanze selbst wunderbar.»

In den Abschnitten über das «Helvetische» erfahren wir: «Die charakteristischen Züge der Schweizer: Genauigkeit, Sparsamkeit und Häßlichkeit.» – «Die deutschsprachige Schweiz ist die eigentliche Heimat, der auserwählte Ort noch immer, *des Plagiates.*» – Ja, Hohl macht der Schweiz den Vorwurf: «Das Land ist felsig, unfruchtbar, eng, ohne Meer.»

Hohl haßt den Dialekt, weil er «den geistigen Fortschritt» hindere: «Auch ist es unmöglich, daß ein durchschnittlich begabter

Mensch je deutsch sprechen oder schreiben lernt, der sechs Tage in der Woche Dialekt spricht.» – «Und zweitens will ich lieber so reden, wie mir der Geist gewachsen ist, und so, wie er dadurch weiter wachsen wird... Und ich gestehe, daß ich nicht begreife, wie dies durch eine Sprache [durch den Dialekt] geschehen könnte, die – ganz natürlicherweise – keine Präzision erlaubt und sodann von fast niemandem verstanden wird.» Schließlich erledigt er Gottfried Keller kurzerhand als einen «dilettierenden Schreiber», der für «die mittelmäßigen Leser» «gedichtet» habe. In Kellers Werk findet er eine «kommune Art von Geschwätzigkeit».

Hohl versucht seinen Standort stets wieder zu rechtfertigen: «Schreibe ich wutvolle Dinge? Die nur aus dem Haß kommenden Übertreibungen würden kein Leben mehr spenden; doch übertreibe man und greife an, wo es produktiv ist: ich verfolge die Leute nicht um ihretwillen. – Einigen Erscheinungen – wie Redaktionen und Hund (als Prinzip) – gegenüber ist Wut *objektiv*.» Alle diese «Feststellungen» sind tatsächlich «nur begreifbar, wenn man sie anerkennt als die eigene oder die andere Front»! Hohl liefert keine Diskussionsbeiträge; seine apodiktischen Erläuterungen sind unwiderruflich. Dem Leser steht es frei, sie anzunehmen oder zu verwerfen. Sie sind gewissermaßen Geschmackssache.

Unter der Hohlschen Genie-Legende haben vor allem die wirklich diskussionswürdigen, die bedeutenden Werke dieses Autors zu leiden – die *erzählerischen* Arbeiten. Während Hohl in den «philosophischen» Büchern einer energischen, gezielten Subjektivität huldigt, strebt er in den Erzählungen eine vollkommene thematische und sprachliche Objektivität an.

Ludwig Hohl hat literarische Porträts von wundersamer Bildhaftigkeit geschaffen. Die Versuche dieses Detaillisten, menschliche Eigenarten und Wesenszüge nachzuzeichnen, sind von machtvoller, von bannender Anschaulichkeit. Hohl ist alles andere als ein Geschichten-Erzähler. In seinen Prosabüchern «Nächtlicher Weg» (1943) und «Daß fast alles anders ist» (1967) verfängt er sich immer wieder im Detail; irgendeine seltsame Bewegung, ein unvermittelter Einfall fesselt seine Aufmerksamkeit. Der epische Vorgang wird durch weitschweifige Detailbeschwörungen gestört. Essayistische und aphoristischpointierte sprachliche Wesensmerkmale kennzeichnen seine «Erzählungen», seine Betrachtungen, seine Traumnotizen und Porträts. In einem Begleittext zum Band «Daß fast alles anders ist» heißt es zu Recht, daß es «bei Ludwig Hohl keine Trennlinien» gebe – «nicht den ‹Essayisten› Hohl oder den ‹Erzähler›». Hohls Sprache sei «das Zögern, das Differenzieren, das Nochmals-Ansetzen». «Hohl schreibt unter Zwang», beobachtet Jörg Steiner.

Ja, es gibt keinen anderen Schweizer Autor, in dessen Werk der qualvolle Schreib-Zwang, das endlos-peinigende «Nochmals-Ansetzen» so offen zutage tritt wie in den erzählerischen Versuchen Ludwig Hohls. Hohl wirbt um das treffende Wort, um den treffenden Begriff. Mit den zur Verfügung stehenden sprachlichen Ausdrücken tastet er die zu beschreibenden Gegenstände ab. Die sprachlichen Begriffe erweisen sich als unzureichend und schwach; die Sprache vermag die «wirklichen» Zustände und Erscheinungen nicht zu erfassen und zu identifizieren. Der Beschreiber muß sich mit Andeutungen begnügen; er scheitert bei seinen fast selbstzerstörerischen Bemühungen, die «Realität» mit sprachlichen, mit metaphorischen Mitteln einzufangen. In der «Erzählung», in der Skizze «Laurisa, die Glänzende» definiert er:

«Die Augen, welche sonst wie etwas verwirrt, ohne richtige Anwendung in dem zu spröden Gesicht stehn, werden dann sehr groß, sternenhaft; alle Linien des sonst zu harten, zu unsicheren, aus den Dingen ausgeschiedenen Gesichtes bejahen und dienen; die wunderbare Haut, die durchscheinende, überall lebendige, der Natur von Elfenbein, von Perlmutter und Perlen verwandte Haut kommt zur vollen Geltung... Glanz? Das französische Wort ‹éclat› drückt von dieser Wirkung weit Genaueres aus. ‹Glanz› ist zu wenig gesagt, ‹Strahlen› ist erst recht viel zu mild, zu unverbindlich, zu hoch, zu fern: *éclat* ist ein unser Wesen gewaltsam erfassender, beinahe schlagender Glanz.»

In der Erzählung «Nächtlicher Weg» bewegt sich ein einsamer, todgeweihter Mensch «so langsam, daß das Wort ‹langsam› nicht die richtige Vorstellung gibt». Dieser Mensch spricht «mit einer weder tiefen noch lauten, überaus angenehmen Stimme, so, als ob er ganz vorbereitet gewesen wäre, mich die ganze Zeit beobachtet hätte, ein übermäßig Wacher, gar nicht ein Versunkener! – Ich nannte die Stimme weder tief noch laut: Ja, aber *wie* diese Stimme war, das ist dadurch nicht im entferntesten angedeutet...»

Die gnadenlose Suche nach dem «Wie» bestimmt die Sprache des präzisionsbesessenen Hohl. Die sprachliche Einkreisung von einzelnen Details charakterisiert auch seine Menschenbeschreibungen. Der Sinnenmensch Hohl beschreibt Stimmen oder Augen, um wichtige Hinweise auf das Wesen eines Individuums zu erlangen. Das erzählerische Werk Ludwig Hohls setzt sich aus der Beschreibung von Bruchstücken, von Fragmenten zusammen. Hohl fürchtet sich vor dem «Ganzen», dem Einheitlichen, dem Abgeschlossenen. Er weiß, daß die Literatur ein «Fragment der Fragmente» ist, eine «Skizze einer Skizze der Welt».

In der Notiz «Bild und Wirklichkeit» (in «Daß fast alles anders ist») kommt er zum Schluß: «Der ‹einfache Mann› sieht die Differenz zwischen den beiden nicht, *ahnt* sie nicht. (Obgleich ich das ‹ahnt› hervorgehoben habe, bin ich doch nicht sicher, ob er sie nicht bisweilen *ahnt*.) Diese Differenz wird wahrscheinlich immer größer mit höherer und höherer Geistesstufe. – In Holland erzählte der Kaminfeger bei jedem Besuch, er habe zu Hause ein ‹großes Buch vom Schweizerland›: *alles sei drin*... So pflegen auch Bauern zu reden. Eine ‹Redeweise›? Nein,... der einfache Mann meint wirklich, es sei *alles* im Buch; die Augen sind ihm nicht aufgegangen dafür, daß nur ein unsäglich geringer Teil von den Dingen eines Landes in einem Buch abgebildet sein kann und daß wiederum die Art des Abbildens nur *eine* ist von unendlich vielen möglichen. Auch erzählen solche Menschen... nicht etwa ‹aus ihrem Leben›, sondern *ihr Leben* – alles, von der Geburt bis jetzt.»

Hohls Kraft erschöpft sich bei der Beschreibung eines «unsäglich geringen Teils» eines Menschen. Bei seiner Arbeit ist er sich bewußt, daß seine «Art des Abbildens nur *eine* ist von unendlich vielen möglichen». Aus diesem Grund distanziert er sich stets wieder von seinen Deskriptionen und Formulierungen: der mühevolle Prozeß des Nochmals-Ansetzens beginnt. Der Leser kann diesen Prozeß, das unablässige und unausweichliche «Scheitern» des Autors aus unmittelbarer Nähe beobachten und mitverfolgen. Hohl ist ein rücksichtsloser Sprach-

Exhibitionist. Er hat dem Leser nichts «Aufbauendes», nichts «Versöhnliches» zu bieten. Seine Prosa erregt Unsicherheit und Zweifel, die in eine totale Sprachverzweiflung führen – in eine totale Niederlage im Kampf um die sprachliche Fixierung der «Wirklichkeit». «Auf einmal» entlädt sich «das All» «in elektrischem Schlag» gegen den Menschen:
«Ich war allein. Und ringsum kein Laut. Aber eine andere, furchtbarere Stimme bildete sich jetzt im Innern der Erde. Das Entsetzlichste an dieser Stimme bestand darin, daß man sie *nicht, noch* nicht hörte; was sie aber bedeutete, das wurde schon immer mehr klar, während ich meinen Leib schwarz und kälter werden spürte; die Stimme ohnegleichen sagte, daß, da nun der andere schon vernichtet war – –, da der andere ausgerottet, nicht mehr war – – – (ja, daß auch ich vernichtet würde, aber das kann man in Worten nicht sagen, Worte tönen anders, Worte sagen es nicht, was da war, wie es in Wirklichkeit für mich gewesen ist). –»

Durch den endlosen Prozeß des Nochmals-Ansetzens erschöpft sich Hohls Prosa in einer durchweg «unepischen» Stagnation, in einer seltsamen Umständlichkeit. Hohls Sprache «tritt an Ort»; sie ist statisch. Diesen Texten aber wohnt eine gedankliche Dynamik inne, die ihnen eine frappante poetische Vitalität und Beschwingtheit verschafft:
«Nicht, weil sie minder deutlich wäre, ist von dieser am schwersten zu reden», berichtet er in der Erzählung «Drei alte Weiber in einem Bergdorf» über die «Wuchtige» – «aber weil sie nichts als in ungemeinem Maße Gegenwart besaß; was gibt es von einem Menschen zu erzählen, der in reiner Monumentalität *da ist,* ohne etwas zu *werden,* ohne sich zu bewegen? Nein, sie blieb doch nicht ganz ohne Bewegung. Sie kam... aus dem ersten Stockwerk, das sie bewohnte und das genau über unserem Erdgeschoß lag, herunter, um den kleinen Platz vor dem Hause zu erreichen, wo sie einige Stunden blieb..., bis sie den Aufstieg nach ihrer Behausung wieder antrat. Zu weiteren Reisen schien ihr seit Jahren jede Möglichkeit genommen zu sein; aber nicht nur die Möglichkeit, auch jedes Begehren. Ihr Heruntersteigen dauerte mehrere Minuten und zeigte sich an durch ein charakteristisches Wanken des baufälligen Hauses; es folgte immer ein großer Stoß und ein kleiner; lange Stille, oder auch

ein sachteres Beben, jedenfalls eine nicht ausgewogene, eine unruhige Stille; dann wieder ein großer Stoß und ein kleiner; das waren ihre Schritte. Wenn dann endlich die mächtige Gestalt unten erschienen war, die Haustüre verfinsternd, an deren Rahmen und an den Wänden sich haltend, vergingen abermals lange Momente, bis sie die paar Stufen, die ins Freie führten, erstiegen, dann, gewaltig auf ihren Stock lastend, die wenigen Meter bis zur Bank zurückgelegt hatte.»

Über die «tiefe, schnarrende Stimme» der «Wuchtigen» erfahren wir: «Diese tiefe, rauhe, bisweilen ins Krächzen übergehende Stimme eines starken Mannes – nein, die Stimme einer Kuh. Es ist fraglich, ob im ganzen Dörfchen ein Mann ebenso mühelos eine Klangmasse aufzubringen vermag wie diese, vor der das Haus zittert... Man könnte annehmen, daß all das Leben, das aus den Beinen gewichen ist, sich in dieses Organ geflüchtet habe, das nun jedenfalls auf ungewöhnliche Weise manchen praktischen Dienst verrichtet: Wenn die Alte etwas braucht, krächzt sie droben in ihrem ersten Stockwerk, ohne sich auch nur die Mühe zu machen, ein Fenster zu öffnen, und in kurzem eilen irgendwelche ihrer zahlreichen Enkelkinder aus der Umgebung herbei, sich nach den Wünschen der Großmutter zu erkundigen und einen Gang für sie zu tun.»

Bei der Beobachtung dieser mächtigen Frau gewinnt Hohl den Eindruck: «Sentimentalität und Ironie waren ihr gleichermaßen fremd, dieser wandelnden Burg. Sie sah ihren eigenen Tod nicht anders als ein Ding unter Dingen an. Ungeheure Sache, für uns. Diese Alte hatte, weit entfernt von aller höheren Entwicklung des Geistes, jenen Ort *noch* inne, den nur die höchsten Geister in seltenen Fällen *wieder* erreichen: Sie war ganz in die Welt eingegangen – was der einzige sichere Weg zur Überwindung des Todes, der Furcht vor dem Tode ist.»

Die 1938 vollendete und 1943 im Novellenbuch «Nächtlicher Weg» publizierte Erzählung «Drei alte Weiber in einem Bergdorf» ist das stärkste Prosastück von Ludwig Hohl. Diese über Jahrzehnte hinweg vergriffenen Porträts der «Wuchtigen», der «Stillen» und der «Furchtbaren» sind von einer beinahe würgenden sprachlichen Dichte. Dem Kandelaber-Verleger Egon Ammann ist es zu verdanken, daß der Text seit 1970 wieder zugänglich ist. Heute fragt man sich, wie er so lange mißachtet werden konnte!

«Ihr Gesicht, von nahem gesehen, war so schmutzig wie eine
Straße im März», schreibt Hohl von der «immer stumm blei-
benden» «Furchtbaren», «einer ungestalten Puppe» – «das
Gesicht grau und fürchterlich, wie Beethoven auf den ärgsten
Bildern nicht aussieht». Über ihre «mächtigen Augen» berichtet der Autor: «...ja, mächtig waren diese Augen; mächtig, daß
ihre Blicke nicht auszuhalten waren, daß sie in einem gewissen
Maße unangenehm wurden, daß sie das einzige Massive dar-
stellten in einer durch sie matt und müde gewordenen Umgebung (wie manchmal ein Granitblock in einer unbestimmten,
verschwimmenden Umgebung sich finden mag). Das Besondere des Blicks dieser graublauen, nicht vibrierenden, sondern
einen fortwährenden, geschlossenen, intensiven Strahl (in der
Art eines Scheinwerfers) sendenden Augen bestand darin – ich
stelle das heute erst fest –, daß in ihm äußerste Angst und äußerste Gewaltausübung unvermittelt nebeneinander wohnten
(man findet Derartiges in Bildern Michelangelos); oder: ihr
Blick stellte eine nicht zu definierende Mittelzone dar, von der
aus der Ausdruck des Entsetzens und derjenige der äußersten
Gewaltsamkeit ebenso leicht, durch eine ebenso winzige Veränderung erreicht werden konnte.»
Die von einem dithyrambischen Grundtenor beherrschten,
eigentümlich ineinander verzahnten und verhakten Sätze und
Bilder Ludwig Hohls sind von monumentaler Unmittelbarkeit,
von luzider Eingängigkeit. Albin Zollinger, dessen Gedächtnis
der Band «Nächtlicher Weg» gewidmet ist, beobachtete schon
1938 die «grausame bis grausige innere Realistik» in Hohls
«eminent dichterischen, durch ihre Inkommensurabilität der
ewigen, unvergänglichen Bedeutung verwobenen» Erzählungen. Diese nervige Prosa ist von einer fast gewalttätigen Auf-
und Eindringlichkeit, sie ist von einer vehementen, düsteren
Sinnlichkeit. Alle Arbeiten Ludwig Hohls ranken sich um den
stets wiederkehrenden, resignativen Grundgedanken: «Der
Mensch ist nicht universell, er kann nicht alles, nicht vieles
tun... Noch kann ich da nur Leiden sehen.»

«Anthologia Helvetica»

Zur Situation der schweizerischen Lyrik vor 1933

Das Lesen und Schmökern in alten Anthologien, Almanachen, Literaturzeitschriften oder Verlagsanzeigen macht Spaß. Dieser Spaß mischt sich allerdings oft auch mit Nachdenklichkeit, mit Ratlosigkeit. Die Fülle der unbekannten, der verschollenen Namen ist vollends in den Anthologien, in den «Massenaufzügen» (Benn) aus der expressionistischen Zeit fast beängstigend. Der Nachgeborene kann sich zuweilen ein mitleidiges Lächeln nicht verkneifen. Wo sind sie geblieben, die verspielten Rhapsoden und Schocktherapeuten aus der stürmischen Frühzeit der modernen Literatur!? Wo sind all die schmalbrüstigen Weltverbesserer, die bombastischen Stramm- und Schwitters-Nachmacher? Solche Fragen stellen sich auch bei der Lektüre schweizerischer Lesebücher und Prospekte, die einen Einblick in das helvetische Schrifttum der ersten Jahrzehnte unseres Jahrhunderts zu gewähren vorgeben. Die schweizerische Literatur wird stets wieder als «lyrikarm» verschrien. Bei der Betrachtung von Auswahlsammlungen aus der «Sturm»-Zeit wird man feststellen können, wie viele Schweizer Poeten in jenen Tagen an die Öffentlichkeit traten und bei Literaturkritik und Literaturwissenschaft offenbar spontane Anerkennung fanden. Es ist erstaunlich, wie unberührt sich die meisten dieser Autoren von den großen weltpolitischen und weltliterarischen Umwälzungen ihrer Zeit zeigten. Wir finden in der schweizerischen Poesie des expressionistischen Jahrzehnts kaum ein expressionistisches oder ein dadaistisches Gedicht; wir finden kaum ein Pendant zu Trakl, zu Jakob van Hoddis, zu Else Lasker-Schüler, zu Benn, Heym oder Arp. Die geistige und poetische Präsenz von Rilke, von George, von Hofmannsthal, Hesse oder Carossa scheint die Schweizer Lyriker gegen alle expressionistischen Auswüchse immunisiert zu haben.
Wie steht es heute um das Ansehen der Schweizer Lyriker, die zu Trakls und Georges Zeiten debütierten? Lohnt es überhaupt, sie heute noch herzubemühen? Oder sind sie zu Unrecht verkannt und vergessen? Einem «durchschnittlichen» Literaturkonsumenten jedenfalls werden diese Autoren kaum mehr dem

Namen nach bekannt sein. Selbst ein Fachmann kann beim Studium der jungen Schweizer Lyrik von 1920 in arge Verlegenheit geraten. Er greife bloß einmal zu Robert Faesis «Anthologia Helvetica» (1921)! Was bedeuten ihm da Namen wie Nanny von Escher (Jahrgang 1855), Fridolin Hofer (1861), Gustav Gamper (1873), Gertrud Pfander (1874), Charlot Straßer (1884), Leo von Meyenburg (1886), S. D. Steinberg (1889), Hans Ganz (1890)...? Ja, was bedeuten ihm selbst bekannte Namen wie Jakob Boßhart (1862), Ernst Zahn (1867), Paul Ilg (1875), Hans Reinhart (1880), Gottfried Bohnenblust (1883), Robert Faesi (1883) oder Albert Steffen (1884), wenn sie unter dem Kennwort «Lyrik» erscheinen? Welche dichterischen Leistungen verbergen sich hinter den Namen «professioneller» Lyriker wie Max Geilinger (1884), Siegfried Lang (1887), Max Pulver (1889), Karl Stamm (1890) oder Konrad Bänninger (1890)? Spielen diese Gedichteschreiber in der Geschichte der deutschen Lyrik überhaupt eine Rolle? Besitzen ihre Verse heute noch eine Existenzmöglichkeit? Sind ihre Texte in unseren Tagen nicht vollends zu leblosen Dokumenten aus einer längst vergangenen Zeit geworden?

Spätestens seit dem Erscheinen von Faesis «Anthologia Helvetica» fällt auf, mit welchem Nachdruck Geilinger, Lang, Pulver, Stamm und Bänninger bei Darstellungen der schweizerischen Lyrik hervorgehoben werden. Sie repräsentieren die helvetische Poesie vor dem Auftreten von Adrien Turel, Werner Zemp und Albin Zollinger. Ja, sie sind gewissermaßen die lyrischen Fixpunkte in der Schweizer Literatur vor 1933. Zu ihnen gesellt sich der rührige Literaturprofessor Robert Faesi, von dessen dichterischen Verdiensten sein Kollege Guido Calgari noch im Jahre 1966 (in «Die vier Literaturen der Schweiz») überzeugt zu sein scheint: «Er [Faesi] besticht durch seine formale Eleganz und durch sein Temperament, die den Durchschnitt weit überragen. Der Zürcher Meister vereint in sich alle traditionellen Elemente der schweizerischen Literatur: die erzieherische Tendenz, die Geschichtspflege, das lebendige Naturempfinden, die Beschäftigung mit dem Zeitgeschehen und den schöpferischen Lyrismus.»

Überprüfen wir dieses Urteil ohne tendenziöse Ambitionen! Aus Faesis Sammlung «Die Gedichte» greife ich das Poem «Volk und Geist» heraus:

Auf, heb zum Hohen,
Volk, deinen Sinn!
Kannst du nicht lohen,
Stirbst du dahin!

Trink aus den reinen
Sphären dir Mut!
Geist nur kann einen
Zungen und Blut.

Nur am Gedanken
Wächst ein Geschlecht
Frei über Schranken
Auf in das Recht.

Daß du dein Leben
Heiligst und weihst,
Volk, sollst du heben
Kühn dich zum Geist!

Damit man nicht gleich behauptet, meine Wahl sei nach un-
fairen Kriterien getroffen worden, möchte ich ein weiteres Gedicht dieses «Homo Turicensis» (Werner Weber) anführen.
Nach der «Beschäftigung mit dem Zeitgeist» soll auch Faesis
«lebendiges Naturempfinden» berücksichtigt werden. Unter
der Überschrift «Südnacht» lesen wir:

Durch die Südnacht
Streicht Wind vom Meer.
Der Lorbeer,
Schauernd, erwacht.

Unterm Bambus
Schwül beschworen
Brunst und Überfluß.
Ein Stern fällt, lautlos, verloren.

Es wäre ungerecht und unergiebig, das Unbehagen über die
thematische Beschränktheit und die künstlerische Holprigkeit
und «Flachheit» schweizerischer Poesie ausgerechnet an Faesi

auszulassen. Am Beispiel des von der «offiziellen» Literaturkritik über Jahrzehnte hinweg überschätzten Robert Faesi aber
läßt sich besonders deutlich aufzeigen, wie ereignislos die helvetische Lyrik der ersten Jahrzehnte unseres Jahrhunderts ist.
Diese Lyrik bietet weder in inhaltlicher noch in technischer
Hinsicht irgendwelche effektgeladene Momente; es fehlt ihr
letzten Endes jede Originalität; sie ist – langweilig. Aus unserer
Langeweile vermag uns nur ein überdurchschnittliches Talent
wie Siegfried Lang herauszureißen[1]. Ich möchte auch nicht
leugnen, daß einzelne Verse von Karl Stamm und Konrad
Bänninger unseren Unmut mildern können. Abwechslungs-
reichtum finden wir in den Arbeiten der besten Mundartlyriker
– in den auch heute noch imponierenden Versen von Meinrad
Lienert, Adolf Frey, Josef Reinhart oder Paul Haller. Es ist
etwas betrüblich, daß die Dialektdichtung immer als ein unabhängiges, als ein isoliertes Gebilde innerhalb der deutschsprachigen Literatur behandelt wurde. So gingen die meisten
Literaturkritiker stets wieder unter falschen Gesichtspunkten
an die Beurteilung des «Gettos» Mundartliteratur heran. In
diesem «Getto» wurden Gedichte geschrieben, die in poetischer Hinsicht zu den vorzüglichsten Zeugnissen der deutschen Lyrik in der Schweiz zählen[2]. Ich denke an die seit Jahrzehnten vergriffene Sammlung «'s Schwäbelpfyffli» (1913/20)
des Innerschweizers Meinrad Lienert (1865–1933). Hier stehen
unter dem Titel «Lanzig» (Frühling) die geschliffenen, die
biegsam-geschmeidigen Verse:

Gly einist wird's Lanzig.
Es ist mer scho tanzig
Im Härz und im Bei.
Und 's Schnäggli und 's Gspüsli
Chunt alls usem Hüsli;
D'Zugvögel chönd hei.

D'Waldfinkli und d'Spätzli,
Am Bach d'Widechätzli
Ist alls wider hie.
D'Lüt juchsed bim Wärche.
Au styged hür d'Lärche
Se höich uf wie nie.

Schließlich erkennen wir heute auch die Bedeutung von Hans Morgenthalers und Robert Walsers Gedichten, die von der Literaturkritik ihrer Zeit mißverstanden und mit beharrlicher Konsequenz geschnitten wurden. Ich werde ihre ungelenken, antibürgerlichen «Herzblut»-Verse der Herrenpoesie à la Faesi oder Geilinger gegenüberstellen.

Guido Calgari also sprach im Zusammenhang mit Robert Faesis Lyrik von «formaler Eleganz», von «Temperament». Gerade diese beiden Eigenschaften gehen den Gedichten von Faesi und auch den Gedichten der weit begabteren Zeitgenossen Max Geilinger, Max Pulver und S. D. Steinberg ab. Verfügen diese Autoren über künstlerische Eigentümlichkeiten, über sprachliche und dichterische Wesensmerkmale, die man als typisch, als unverwechselbar bezeichnen könnte? Besitzen sie überhaupt ein eigenes schöpferisches Empfinden? Die Verse dieser von Literaturkritik und Literaturgeschichte bevorzugten Autoren scheinen alle auf dieselbe Tonart gestimmt zu sein. Sie sind von einer fast physisch ermüdenden Überraschungslosigkeit. Vor einem halben Jahrhundert mögen diese Dichter in unseren Regionen vielleicht «eigene Welten» verkörpert haben; heute hat der Betrachter Mühe, stichhaltige Hinweise auf ihre Autonomie innerhalb der deutschen Lyrik zu eruieren. Die Zeit scheint ihre Individualität vollkommen durchkreuzt zu haben. Sie stehen heute vollends im Schatten ihrer deutschen und österreichischen Altersgenossen, ohne deren Vorarbeit sie ohnehin nicht hätten in Erscheinung treten können.

Nur selten haben sich «äußere» Umstände auf ihr Schaffen ausgewirkt. In dieser Beziehung unterscheiden sie sich von den gesellschaftsbezogenen Prosaisten ihrer Zeit. Man kann den meisten Schweizer Lyrikern jener Jahre also vor allem den Vorwurf nicht ersparen, sie seien unzeitgemäß, unmodern. Es ist erstaunlich, wie wenig wir aus ihren Werken über die sozialen Bedingungen erfahren, unter denen ein Schweizer Autor vor der Zeit der «geistigen Landesverteidigung» zu leben und zu arbeiten hatte. Man könnte ihre Gedichte als neutrale Gedichte charakterisieren. (Das Prädikat «neutral» läßt sich gewiß nicht durch die Existenz einiger mehr oder weniger feuriger patriotischer Verse widerlegen!) So dichtet Max Geilinger, der «Träumer zwischen Blüten» im Jahr 1928:

Ein Kind, das zwischen Blumen sich vergißt
Beim Silberlächeln einer Sommernacht,
So träumt der Mond in Wolken, während sacht
Ein Rauschen kommt, verwandert, Süße ist
Und uns durchklingt voll bebendem Beglücken;
Das kleinste Blatt umsilbert sich und sprüht:

«Auf, Träumer zwischen Blüten, fühl Entzücken;
Dann wirst du leichter Hände Rosen pflücken,
Wenn deine Seele in den Rosen blüht!»

Ich zitiere diese «schönen» Zeilen nicht etwa, um mich darüber
zu mokieren. Das wäre zu billig. Eine grundsätzliche Ablehnung dieser «positiven» Verse wäre so unbedacht wie Geilingers grundsätzliche Ablehnung der «Gebrauchslyrik à la Tu-
cholsky». Mit der naiven Verdammung der «Gebrauchslyrik»
nimmt Geilinger eine künstlerische Position ein, zu der sich
offenbar die meisten helvetischen Lyriker seiner Generation bekannten. Er war überzeugt, daß die «Gebrauchslyrik» «trotz
ihrem Namen... auf die Dauer nicht zu gebrauchen» sei, «weil
sie die wesentlichen Funktionen des Gedichtes verkennt». Geilinger verkündet feierlich: «Die Lyrik als Selbstbefreiung von
einem übermäßigen Eindruck ist der eigentliche Daseinsgrund
des lyrischen Gedichtes; seine übrigen Funktionen sind bloß
Reflexwirkungen. Der Dichter befreit sich von einem Eindruck,
indem er ihn in Worten festlegt, indem er ihn ausspricht. Dadurch, daß man das Gefühl in seiner Wurzel bloßlegt, verliert es
einen Teil seiner Macht, wie nach altem Volksglauben Gespen-
ster verschwanden, Werwölfe tot hinstürzten, wenn man sie mit
dem richtigen Namen anrief. Wie man sieht, handelt es sich um
Vorgänge, die der heutigen Psychoanalyse verwandt sind.»
Schreiben ist also primär eine Privatangelegenheit. Für Geilinger erfüllt das Dichten nichts anderes als eine «Schutzfunktion
für den Dichter als Menschen» (Alfred A. Häsler) – eine Selbst-
befriedigungsfunktion. Diese Einstellung unterscheidet den
Zürcher Naturlyriker von den großen Landschaftern der modernen Literatur, von Oskar Loerke, von Wilhelm Lehmann
und auch von Siegfried Lang – von jenen Autoren, die die ver-
hängnisvolle Introversion gebrochen haben, in der sich die
deutsche Naturpoesie festgefahren hatte.

Eine «Schutzfunktion für den Dichter als Menschen» erfüllen auch die Texte des Zürchers Karl Stamm. Der im Jahre 1919 mit 29 Jahren verstorbene Stamm vermag zu belegen, daß auf Schweizer Boden in den ersten Jahrzehnten unseres Jahrhunderts durchaus beachtliche Gedichte geschrieben wurden. Es wäre albern, diese Tatsache in Abrede zu stellen. Der «frühvollendete» Mystiker Stamm ist gewiß nicht viel zeitgemäßer als der behäbige Magier Geilinger. Der Hölderlinsche, Klopstocksche und Stadlersche Grundtenor vieler Stammscher Hymnen ist zuweilen von einer befremdlichen Aufdringlichkeit. Als zeitgemäß und modern aber muß man die intensive Sensibilität dieses Dichters bezeichnen, die seinen gelungensten Versen eine bemerkenswerte poetische Dynamik verleiht. Die Grauen des Ersten Weltkriegs sind an Karl Stamms Werk nicht spurlos vorübergegangen. Stamm gehört zu den großen Mit-Leidenden in der deutschsprachigen Literatur. In sein Mit-Leiden bezieht er mit sympathischer Diskretion auch seinen eigenen Schmerz ein. Auf dem Krankenlager schrieb er sein Gedicht «Spital»:

Hier wird gestorben. Stumm halten diese Wände letztes Geschehn.
Wir liegen still in unsern fiebermüden Betten.
Und ist ein jedes Bett ein tiefverschneiter Garten.
Wir Herbst-Zeitlosen frieren drin und warten...
Vielleicht winkt doch ein gütig Auferstehn.
Vielleicht... Wie manchmal rollt im Hofe schon
der schwarze Wagen vor. Wir kennen seinen Ton.
Der Arzt ist fort. Wir sind so grenzenlos mit uns allein.
Durchs offne Fenster bricht ein heller Jubel ein...
Indes die Erde ungehemmt um unsere Körper steigt
und näher wogt und immer dunkler sich verschweigt:
O Menschenblumen sprießen auf von Stein und harten Straßen.
Sie wurzeln leis sich los, sie wandeln hin und schreiten –
Wir stürzen ganz zurück in unsere Einsamkeiten.
Und eine Hand will blühn, ein Auge sich entsternen,
wir flüchten uns vor euch in unsere nahen Fernen,
alles ist Flucht in uns auf schmalem Gleise,
und immer schneller schlingt die Zeit die engen Kreise,
wir jagen hundertmal dieselbe Strecke,

daß diese namenlose Not doch einen Ausgang sich entdecke.
Doch ärmer pocht die Brust, Beklemmung hemmt...
Nun sind wir bald vom Acker eingedämmt,
nun sind wir bald ein einziger, weißer Garten.
Wir Herbst-Zeitlosen frieren drin und warten...
Ein Weinen regnet leis den Abend ein: Wir dunkeln schwer.
Die Schwestern singen: «Schön ist die Jugendzeit, sie kommt
nicht mehr.»

Karl Stamm ist fraglos der begabteste unter den zahlreichen
Epigonen, die die schweizerische Poesie seiner Tage repräsentieren. Seine gezügelte schöpferische Nervosität und seine
künstlerische Fingerfertigkeit verleihen auch seinen «rilkesten»
Versen einen beinahe originären Anstrich. Während uns viele
pathetische Beschwörungen dieses «himmlischen Wanderers»
(Konrad Bänninger) fremd und peinlich anmuten, vermögen
wir ein Poem wie das zu einem typischen schweizerischen Lese-
buch-Gedicht avancierte Sonett «Der Blinde im Frühling»
noch immer zu akzeptieren:

Er schreitet langsam hin wie alte Frauen
mit welkem, abgewendetem Gesicht.
Kein Strahl das Dunkel seiner Augen bricht.
Er sieht nicht wie die Wolken Berge bauen.

Die Wälder grünen und die Himmel blauen:
den holden Farbenzauber spürt er nicht.
Und einmal doch wird seine Seele licht:
duftschwere Lüfte hauchen durch die Auen.

Da muß er seine kalten Arme heben
und ist den warmen Winden hingegeben
und duldet die Umarmung selig, stumm.

Und inniger die Lüfte ihn umfächeln
und bringen seinen starren Mund zum Lächeln
und sind ihm wie ein Evangelium.

Im Jahre 1919 proklamierte Karl Stamm den «Aufbruch des
Herzens». Dieser Aufbruch wurde vollends durch Autoren

wie Hans Morgenthaler und Robert Walser vollzogen. Der
«Aufbruch» Morgenthalers und Walsers steht allerdings unter
anderen, unter resoluteren Vorzeichen als Stamms «Aufbruch».
Er wird vor allem bei Morgenthaler zum Ausbruch – zum Aus-
bruch aus bürgerlichen Konventionen, aus überkommenen
«Formen»:

Abschnitt um Abschnitt fault heraus
Aus meiner kranken, wunden Brust,
O grimmig traurig schöne Lust,
Nun faul ich aus dem dumpfen Vaterland hinaus!

Und er macht sich qualvolle Gedanken über sein Ende – über
das «Ende vom Lied»:

Ich kann nicht genug!
Ich elender Krüppel!
Auch hab ich kein Geld mehr
Um mir zu essen zu kaufen.
Ich hab mich an meine Verwandten gewendet,
Die aber wollen von dem Luder nichts wissen.
Um mich von Frauen aushalten zu lassen
Bin ich nicht stattlich genug, auch schon etwas alt,
Außerdem hat mich jede Geliebte stets sehr bald
                                       verraten.

Ich sehe klar:
Vermutlich geht es jetzt schief,
Spitzt sich auf den Hungertod zu.
Was, also, tun?
Harakiri ist mir zu grausig,
Im Wasser ersaufen zu naß,
Erschießen, vergiften, wie ein Hund enden...?
Nun weiß ich was!
Ich suche mir im tiefsten Wald
Den höchsten Baum aus
Und hoch, hoch oben in seiner Krone...

Jawohl! Das wird nicht ohne...!

Nein, der erst in unseren Tagen wiederentdeckte Hans Morgenthaler ist bestimmt nicht «begabter» als ein Max Geilinger. Ich bin mir bewußt, daß Morgenthalers Texte alles andere als schlackenreine Kunstwerke sind. Auch das negative, das schwarze Pathos kann den Leser mit der Zeit ermüden! Warum aber fühle ich mich in Morgenthalers trister Gesellschaft wohler als in Geilingers Rosenpavillon? Niemand wird bestreiten wollen, daß die gewissermaßen inoffizielle, die antipoetische Lyrik Morgenthalers trotz ihrer offenkundigen Mängel tiefere Einblicke in das Wesen einer düsteren Epoche vermittelt, als die von dieser Epoche kaum berührten lyrischen Erkenntnisse eines Geilinger. Bedeutende Autoren sind immer Kinder ihrer Zeit – so reserviert sie sich dieser Zeit gegenüber auch gebärden mögen. So sind denn auch die verkrampften, ja «verklemmten» Zeilen des zeit- und konjunkturfeindlichen Individualisten Morgenthaler heute von eminentem dokumentarischem Interesse[3].

Diese Feststellung drängt sich auch bei der Lektüre von Robert Walsers Gedichten auf. Walser ist in den vergangenen Jahren in Kritiker- und Studentenkreisen nachgerade zu einem Modeautor geworden. Knapp zwei Jahrzehnte nach seinem Tod genießt er Klassikerruhm. Diese Tatsache berührt einen seltsam, da der sich «so fürstlich arm und so königlich frei» fühlende Autor alles andere als das Zeug zum Klassiker zu haben scheint. «Es ist das Schönste und Triumphierendste, man ist ein ganz armer Teufel», notiert der Ruhmverächter Walser. Und: «Gott behüte einen braven Menschen vor der Anerkennung der Menge! Macht sie ihn nicht schlecht, so verwirrt und entkräftet sie ihn bloß.»

Im Gegensatz zu Hans Morgenthaler ist Robert Walser der «Anerkennung der Menge», der Anerkennung durch die Nachwelt, nicht entgangen. Die Unantastbarkeit, die seine Arbeiten heute in weiten Kreisen genießen, würde Walser selbst vermutlich in Schrecken versetzen. Über verlegerisches Desinteresse hatte er sich auch zu Lebzeiten nicht zu beklagen. Seine Bücher erschienen in angesehenen deutschen Verlagen, bei der Insel, bei Bruno Cassirer, bei Kurt Wolff. Im Grunde aber besaß er in der deutschsprachigen Literatur seiner Zeit wenig Gegenwart. Er beklagte sich: «Ich will keine Zukunft, ich will eine Gegenwart haben. Eine Zukunft hat man nur, wenn man keine Gegenwart hat, und hat man eine Gegenwart, so vergißt man, an eine Zukunft überhaupt nur zu denken.» Sein Verehrer Martin Walser bemerkte, daß er zu den Dichtern gehöre, «bei denen es schwerfällt, sich vorzustellen, daß sie wirklich gelebt haben». Diese Bemerkung könnte man auf die meisten literarischen Dunkelmänner der Walser-Zeit übertragen. Es fällt in der Tat nicht leicht, sich das Schattendasein, die «Gegenwart» Morgenthalers, Glausers oder auch Gwerders leibhaftig vorzustellen! Und ist Franz Kafka nicht bloß eine Erfindung deutscher Literarhistoriker!?

Die bei der Interpretation Walserscher Texte vielgepriesene genialische Kindlichkeit ist vollends in seinen stets etwas stiefmütterlich behandelten frühen Versen von einer hinterhältigen Simplizität, von einer spröden poetischen Verschmitztheit. In Walsers Schaffen sind gerade die lyrischen Arbeiten von einer stets wieder verunsichernden Schlichtheit.

So der Bericht «Im Bureau»:

Der Mond blickt zu uns hinein,
er sieht mich als armen Kommis
schmachten unter dem strengen Blick
meines Prinzipals.
Ich kratze verlegen am Hals.
Dauernden Lebenssonnenschein
kannte ich noch nie.
Mangel ist mein Geschick;
kratzen zu müssen am Hals
unter dem Blick des Prinzipals.

Der Mond ist die Wunde der Nacht,
Blutstropfen sind alle Sterne.
Ob ich dem blühenden Glück auch ferne,
ich bin dafür bescheiden gemacht.
Der Mond ist die Wunde der Nacht.

Es liegt gewiß nahe, ein solches Gedicht als die etwas ungelenke Äußerung eines lyrischen Debütanten abzutun. Bei Walsers Text «Im Bureau» handelt es sich denn auch um ein Jugendwerk, das man nicht überschätzen soll. Ich will trotzdem bei diesen Versen verweilen, die mir als ausgeprochene Schlüssel-

Verse erscheinen. Ich glaube, daß man nirgends so deutliche, so kompakte Hinweise auf Walsers Innenleben und auf seine Rolle in der bürgerlichen Gesellschaft erhält wie in den Gedichten, die 1909 bei Bruno Cassirer erschienen. Ich begreife nicht, daß diese Tatsache von der Literaturkritik bis auf den heutigen Tag kaum beachtet wurde. Der *Lyriker* Walser wurde ohnehin nie ganz für voll genommen. Hellhörige Leute wie Josef Viktor Widmann sind in dieser Beziehung tröstliche Ausnahmen. Widmann publizierte im Mai 1898 im Berner «Bund» die ersten Verse des erst zwanzigjährigen Dichters. Solche tröstliche Ausnahmen wurden über Jahrzehnte hinweg überschattet von den heute fast albern anmutenden Deutungsversuchen der Scheuklappen-Literaten von Josef Nadlers Manier. Für Nadler ist Robert Walser ein Tändler, der «dem Appenzeller Witz… vollendeten Ausdruck geschaffen» hat! Der Blubo-Theoretiker charakterisiert in seiner «Literaturgeschichte der deutschen Schweiz» (1932) die Arbeiten des «Robert Walser aus Teufen»: «Es sind seltsame Dinge, die sich über die Literatur selber lustig zu machen scheinen, ohne daß man wüßte, wie man daran ist.» Er kommt bei der Lektüre Walserscher Texte zum Schluß: «Die Wirklichkeit, zumal soziale Fragen, stellen der Schweizerdichtung von heute keine Aufgaben.»
Es ist nicht meine Absicht, aus Robert Walser einen Polit-Autor zu machen. Ich meine aber, daß einem Literaturbetrachter nicht zu helfen ist, der einfach über die sozialen Spannungen in der Mikro-Welt Robert Walsers hinwegsieht. Es geht nicht an, Walsers lyrische Texte ausschließlich nach ästhetischen Gesichtspunkten zu beleuchten. Robert Walser ist alles andere als ein «großer» und «reiner» Lyriker. So ist es nicht verwunderlich, daß man in Robert Faesis «Anthologia Helvetica» vergeblich nach seinem Namen sucht. Ausgerechnet Siegfried Lang aber, der wachsame und unentwegte Streiter für eine «poésie pure», war einer der ersten Schweizer Literaten, die den sprachlichen und menschlichen Standort Robert Walsers treffend zu deuten imstande waren. Walsers «Appenzeller Witz» entpuppt sich in Siegfried Langs Interpretation als heillose «Ironie seinem Stoff, der eigenen Person, seinen Geschöpfen, seinem Dichtertum gegenüber»: «Am häufigsten setzt sie dem Bürger zu. Walser sah ja, wie noch manche seiner Mitgeborenen, daß jener keineswegs das Erbe von des gläubigen Gott-

fried Keller ‹Martin Salander› verwaltete.» Im Nachwort zu seinem «Lesebuch schweizerischer Dichtung» (1938) erkennt Lang, daß wir Walser «nicht nur» als einen «kauzigen, biedermeierigen Nachzügler der Romantik» lesen dürfen: «Wir empfinden ihn als einen Protest und ahnen das Grauen, das ihn in der Ausweglosigkeit jener stagnierenden Epoche erfüllte, die einer edleren Jugend sinnlos erscheinen mußte.»

Heute sollten wir endlich in der Lage sein, der Sprach-Ironie Hans Morgenthalers oder Robert Walsers gerecht zu werden – ihrem Protest gegen die «Ausweglosigkeit jener stagnierenden Epoche». Es ist denn auch ermutigend, daß Werner Weber kürzlich den Versuch unternahm, die von Siegfried Lang gewonnenen Einsichten weiterzuverfolgen. Weber geht freilich auch von rein ästhetischen, von sprachkritischen Kriterien aus, wenn er seine Gedanken über das Gedicht «Im Bureau» niederschreibt: «‹Im Bureau› heißt soviel wie: in der falschen Sprache. Das Gedicht mit dem Titel ‹Im Bureau› zeigt in Sprache das Leiden an der falschen Sprache und das Suchen nach der richtigen Sprache. Richtige Sprache wäre: das Gedicht. Dieses Gedicht möchte zu sich kommen in der zweiten Versgruppe, ‹Der Mond ist die Wunde der Nacht...› Zugleich spricht sich eben da die Distanz aus zwischen falscher und richtiger Sprache; spricht sich das Leiden aus über diese Distanz; deutet sich die Gnade an, welche für das Überwinden der Distanz gegeben sein müßte. Das ‹blühende Glück› ist ferne; die Erfahrung des Schreibers beim Schreiben – sie hat ihn ‹bescheiden gemacht›. Das Dichten ist ein Arbeiten für die richtige, gegen die falsche Sprache; es wird die eine nie ganz gewinnen und die andere nie ganz loswerden. ‹Mangel ist mein Geschick.› In Walsers Lyrik vollzieht sich, oft unter Putzigkeit und nettem Diminutiv versteckt, das dämonische Liebesspiel mit der Sprache: damit sie sich endlich mit demjenigen zu erkennen gebe, was in ihr Gedicht ist.»

Einverstanden. Eine Ergänzung, eine Konkretisierung von Werner Webers Deutung des Poems «Im Bureau» aber drängt sich auf. Das «dämonische Liebesspiel mit der Sprache», ja das «Leiden an der falschen Sprache» ist tatsächlich ein Kennzeichen der modernen deutschen Literatur. Wenn wir das Gedicht «Im Bureau» vor uns haben und wenn wir uns zugleich auch den tragischen Lebensweg Robert Walsers vergegenwärtigen, kommen wir nicht um die Feststellung herum, daß das Leiden dieses Dichters an der «falschen Sprache» im Grunde nichts anderes ist als ein Leiden an der ihn beengenden Gesellschaft, an der ihn beelendenden «stagnierenden Epoche». Das «Leiden an der falschen Sprache und das Suchen nach der richtigen Sprache» besitzt im Falle Robert Walser gesellschaftspolitische Dimensionen. Das kann ein unverkrampfter Leser des Gedichtes «Im Bureau» doch gar nicht übersehen.

«Mangel ist mein Geschick.» Es liegt doch auf der Hand, diese lapidare Mitteilung erst einmal aus thematischer Sicht zur Kenntnis zu nehmen und nach der unverblümten Ursache für den «Mangel» des «armen Kommis» zu fragen. Wo liegt der Grund für das Schmachten des kleinen Angestellten? Warum kennt er keinen «dauernden Lebenssonnenschein»? Warum ist er dem «blühenden Glück... ferne»? Warum wohl!? Ich glaube, Robert Walser drückt sich deutlich genug aus. Der «strenge Blick» des Vorgesetzten macht das Büro zu einer unwohnlichen Stätte, an der kein «Lebenssonnenschein» gedeihen kann. Der «verlegen am Hals» kratzende «arme Kommis» verdämmert in geistiger und moralischer Ödnis. Der kleine Mann vegetiert auf der Schattenseite des Lebens. Dunkelheit umgibt ihn, Nacht. («Der Mond blickt zu uns herein.») Seine Demut, seine Bescheidenheit allein ermöglicht es ihm, das Dasein im «Gehäuse quälender Gegenwart», im «Gehäuse falscher Gegenwart» (Weber) zu ertragen: «Ob ich dem blühenden Glück auch ferne, / ich bin dafür bescheiden gemacht.» Trotzdem aber wird er den «strengen Blick» des Prinzipals nicht lange aushalten können: «Ich bin noch überall, wo ich gewesen bin, bald weitergegangen, weil es mir nicht behagt hat, meine jungen Kräfte versauern zu lassen in der Enge und Dumpfheit von Schreibstuben, wenn es auch, nach aller Leute Meinung, die vornehmsten Schreibstuben waren, zum Beispiel gerade Bankanstalten», berichtet er im Roman «Geschwister Tanner» (1907). «Gejagt hat man mich bis jetzt noch nirgends, ich bin immer aus freier Lust am Austreten ausgetreten, aus Stellungen und Ämtern heraus, die zwar Karriere und weiß der Teufel was versprachen, die mich aber getötet hätten, wenn ich darin verblieben wäre.»

Der Text «Im Bureau» lebt gleichsam aus der Spannung zwischen Prinzipal und Kommis. Der Kommis Robert Walser macht keinen Hehl daraus, daß sein Herz für den Schwächeren schlägt. Man muß aber auch anerkennen, daß der sich «glühend nach bürgerlicher Rechtschaffenheit» sehnende Autor nie irgendwelche klassenkämpferische Allüren hatte. Wie sein stachliger Zeitgenosse Friedrich Glauser möchte auch Walser im Grunde «ein braver Mitbürger und Vaterlandsmann» sein – eine Sehnsucht, die sich nicht erfüllen konnte. Er flüchtet sich in die Armut, bekennt sich zum Glück des Unglücks: «Geboren sein heißt in die Armut sinken. Leben heißt mit Nöten kämpfen. Es gab nie einen solchen Lebensreichtum. Reich ist, wer nicht bös ist. Wenn du kein Gelüst hast, dich zu rächen, kein Gefühl des Zorns hast, bist du nicht der Ärmste. Wer noch weint, ist reich. Wer unrecht hat, ist reich.» Solche Bauernweisheiten erhalten aus Walsers Mund eine wahrhaft rührende, eine tragische Intensität: «Der Erfolg macht nicht glücklich, aber es muß ja eine Arbeit und ein Streben auf dieser armen, widerspruchsvollen Erde sein. Es muß ja einen Ruhm und einen Reichtum geben, aber Ruhm und Reichtum vermögen nur niedrige und flache Seelen zu beglücken.»

«Reich ist, wer nicht bös ist.» In allen Arbeiten plädiert Walser für den echten Reichtum, für die Demut, den Verzicht. Er übt sich in «Gelassenheit»:

Seit ich mich der Zeit ergeben,
fühl' ich etwas in mir leben,
warme, wundervolle Ruh'.
Seit ich scherze unumwunden
mit den Tagen, mit den Stunden,
schließen meine Klagen zu.

Und ich bin der Bürd' entladen,
meiner Schulden, die mir schaden,
durch ein unverblümtes Wort:
Zeit ist Zeit, sie mag entschlafen,
immer findet sie als braven
Menschen mich am alten Ort.

Seine Gelassenheit, seine «Bravheit» sieht er freilich angesichts des falschen Reichtums, der bourgeoisen Sattheit immer wieder gestört. Er versucht sich zum Wortführer der Unterdrückten, der Ausgebeuteten, der Erfolglosen aufzuschwingen. Er schreibt für jene, die «unrecht» haben. Er «will gleich so vielen andern / aus der Welt tragen helfen das Leid»; ja er «will leiden und wandern, / bis das Volk befreit.» Zur Offensive ist dieser scheinbar genügsame Anwalt des Proletariats, der «vielen armen Teufel» nie übergegangen:

Will nie mehr müde mich niederlegen;
es soll etwas
geschehen; da überkam ihn ein Erwägen,
ein Schlummer: ach, laß doch das.

Sein «Warum auch?»-Seufzer zeugt von seiner unheilbaren Resignation und Ratlosigkeit der bestehenden Gesellschaftsordnung, dem gespenstischen «Landschäftchen» Schweiz gegenüber:

Dort steht ein Bäumlein im Wiesengrund
und noch viele artige Bäumlein dazu.
Ein Blättlein friert im frostigen Wind
und noch viele einzelne Blättlein dazu.
Ein Häuflein Schnee schimmert an Baches Rand
und noch viele weiße Häuflein dazu.
Ein Spitzlein Berg lacht in den Grund hinein
und noch viele schuftige Spitze dazu.
Und in dem allem der Teufel steht
und noch viele arme Teufel dazu.
Ein Englein kehrt ab sein weinend Gesicht
und alle Engel des Himmels dazu.

Ich möchte nochmals ausdrücklich betonen, daß man Robert Walser «niemals als einen Feind des schweizerischen Staatswesens, einen Ungetreuen oder Deserteur bezeichnen» darf (Hans Bänziger). Es gelang ihm zwar keineswegs, sich mit dem Zustand «Schweiz» abzufinden. Eine würgende Lethargie aber hält den Diener- und Duldertyp Walser davon ab, sein «Landschäftchen» und die «vielen schuftigen Spitze [Spitzbuben?]» unter Beschuß zu nehmen. Es bleibt ihm verwehrt, mit resoluten Mitteln gegen den Umstand vorzugehen, «daß der Haß... /

sich alle Armen zum Opfer erkor». Walser leidet unter diesem
«Mangel». Schon der junge Dichter verschanzte sich aber geradezu hinter kompromißloser, ja feuriger Heimatliebe. Das
dürfen vor allem jene Interpreten nicht übersehen, die den
Kafka-Liebling Walser gern als kosmopolitischen Tausend-
sassa sehen möchten. In seinen 1913 erschienenen «Aufsätzen»
schwärmt er: «Ich fühle zu sehr die wohlklingende Nähe der
Heimat, als daß ich mit einer Sorge im Wettstreit grübeln
könnte. Ehemals weinte ich. Ich war so weit entfernt von meiner Heimat; es lagen so viele Berge, Seen, Wälder, Flüsse, Felder und Schluchten zwischen mir und ihr, der Geliebten, der
Bewunderten, der Angebeteten. Heute morgen umarmt sie
mich, und ich vergesse mich in ihrer üppigen Umarmung. Keine
Frau hat so weiche, so gebieterische Arme, keine Frau, auch die
schönste nicht, so gefühlvolle Lippen, keine Frau, auch die ge-
fühlvollste nicht, küßt mit so unendlicher Inbrunst, wie meine
Heimat mich küßt. Tönt Glocken, spiele Wind, braust Wälder,
leuchtet Farben, es ist doch alles in dem einzigen, süßen Kuß,
welcher in diesem Augenblick meine Sprache gefangen nimmt,
in dem süßen, unendlich köstlichen Kuß der Heimat, der Heimat enthalten.»
In der Tat hat die Heimat, die Geliebte, die Bewunderte, die
Angebetete seinen Kuß nicht erwidert. Im Gegensatz zu Hans
Morgenthaler oder Ludwig Hohl sah der verschmähte Liebhaber keine Möglichkeit, sich mit Hilfe von poetischen Haß-
tiraden «abzureagieren», zu revanchieren:

Enttäuschung vergißt man nie,
wie der Lockruf des Glücks unvergeßlich ist.
Erinnern ist Sehnsucht, ach, sie,
weil sie so unermeßlich ist,
vergißt man nie.

Das Ergebnis seiner Liebesmühen ist die totale sprachliche
und menschliche Isolation. Seine Identität zerstiebt. Er möchte gar das «Schauerlichste» «pressen an mein Herz»: «Ich
sehne mich nach Angst, / nach Schmerz.» Aber selbst das
Unglück wird abstrakt; Angst und Schmerz verlieren ihren
Inhalt, bleiben unfaßbar. Dem Schreiber bleibt die «Lange-
zeit»:

Ich tu mir Zwang,
zu scherzen und lachen.
Was soll ich machen?

Gewohnten Gang,
im müden Herzen,
gehn alte Schmerzen.

Ich muß den Hang,
zu weinen, bezwingen,
nebst andern Dingen.

In der künstlerischen Hilflosigkeit dieses Lyrikers spiegelt sich
die Hilflosigkeit des schöpferischen Menschen den bürgerlichen Institutionen und Gepflogenheiten gegenüber. Die
künstlerische Hilflosigkeit des «schlechten» Lyrikers Walser
intensiviert unsere Anteilnahme und unser Interesse am Schicksal des Menschen Walser. Diese Tatsache wiederum spricht für
die Qualität und Verbindlichkeit seiner Verse, in denen sich
eine Erlebnisfähigkeit manifestiert, die den gleichaltrigen Kalli-
graphen abgeht. Man ist versucht, die poetischen Mängel
Robert Walsers als schöpferische Verdienste herauszustreichen.
Die von Siegfried Lang zitierte «Ausweglosigkeit jener stagnierenden Epoche» findet gerade in den jungen Gedichten
des Schmerz-Seismographen Robert Walser unmittelbaren
Ausdruck. Die nackte Trauer über diese Ausweglosigkeit,
über das «Wie immer» wird zum offenen, zum öffentlichen
Protest:

Die Lampe ist noch da,
der Tisch ist auch noch da,
und ich bin noch im Zimmer,
und meine Sehnsucht, ah,
seufzt noch wie immer.

Feigheit, bist du noch da?
und, Lüge, auch du?
Ich hör' ein dunkles Ja:
das Unglück ist noch da,
und ich bin noch im Zimmer
wie immer.

[1] Vgl. «Dichtung als schönes Dasein», S. 121.

[2] Auf diese Fehlinterpretationen und auf die Verdienste schweizerischer Mundartlyriker bin ich im Nachwort zu meiner Anthologie «Mach keini Schprüch. Schweizer Mundart-Lyrik des 20. Jahrhunderts» (Artemis Verlag, Zürich und München 1972) eingegangen: «Agonie der Mundartdichtung? – Drei Bestandsaufnahmen», S. 91–101.

[3] Vgl. «Bekenntnisse eines Stadtwahnsinnigen oder Die Philosophie des Sichbescheidens», S. 79.

Dichtung als schönes Dasein

Zur Lyrik von Siegfried Lang

Im Februar 1970 starb in Basel der Lyriker Siegfried Lang. Sein Ableben wurde nur von wenigen Literaturbeflissenen zur Kenntnis genommen. Siegfried Lang ist einem jungen Leser kaum dem Namen nach bekannt. Seine zehn Gedichtbände und seine Übertragungen sind seit Jahrzehnten vergriffen. Wer erinnert sich der Tatsache, daß dieser Lyriker im literarischen Leben der Schweiz in den zwanziger Jahren eine bestimmende Rolle gespielt hat? Lang gehörte nach der Publikation der Sammlung «Die fliehende Stadt» (Zürich 1926) zu den angesehensten deutschsprachigen Lyrikern seiner Generation. Wie viele Zeitgenossen blieb er aber im Grunde stets ein «Geheimtip». Im Jahr 1951 wurde ihm der Große Basler Kunstpreis zugesprochen. Bei dieser Gelegenheit wurde Lang von der literarischen Welt zum letzten Mal gebührend beachtet und gewürdigt. In den letzten zwei Jahrzehnten seines Lebens schrieb er nur noch wenige Verse; er lebte in Vereinsamung und Verbitterung. Er hatte sich selbst überlebt. Sein Werk schien mit einemmal jede Aktualität eingebüßt zu haben.

Ich fürchte, daß es diese verlorene Aktualität nicht wieder zurückgewinnen wird. Es wäre auch verfehlt, Siegfried Lang «aktualisieren» und popularisieren zu wollen. Im Gegensatz zu seinen mißachteten Zeitgenossen Friedrich Glauser, Hans Morgenthaler, Robert Walser, Otto Wirz und Albin Zollinger ist Siegfried Lang alles andere als ein «öffentlicher» Autor. Er ist scheinbar eine der weltfremdesten und abseitigsten Gestalten in der schweizerischen Literatur. Er ist auch einer der unschweizerischsten Schweizer Autoren. In diesem Werk findet sich weder in inhaltlicher noch in sprachlicher Hinsicht irgendein Hinweis auf die Herkunft des Autors. Wo und wie läßt sich Siegfried Lang innerhalb der schweizerischen Literatur einordnen? Die Literaturkritik drängte Lang stets mit unerbittlicher Hartnäckigkeit in ein Abhängigkeitsverhältnis zur deutschen «poésie pure», zu Stefan George. Selten wurde ein Schweizer Autor so beharrlich an namhaften Vorläufern und Zeitgenossen gemessen wie der Basler Siegfried Lang. Nur wenige Literaturwissenschafter und Literaturkritiker anerkannten das künstlerische Eigenleben dieses Lyrikers. In einer grundlegenden Rezension des Buchs «Die fliehende Stadt» (1926) schon mußte Eduard Korrodi feststellen: «Es ist fast ärgerlich, diesen Dichter immer wieder in Schutz nehmen zu müssen gegen den Vorwurf, seine Lyrik sei ein George-Destillat, weil sie außerhalb des lyrischen Herkommens unseres Landes steht. Ich weiß gar nicht, ob und inwiefern Stefan George das Eidolon hegemonikon Siegfried Langs war und ist, aber in der Literatur gibt es nun einmal Familien, und wie Stifter sich zur Familie Goethes rechnet, kann es Siegfried Lang nur ehren, wenn man ihn dem angerufenen Meister nähert.»

Lang verehrte den «Meister» zweifellos. Von Stefan George sprach er stets mit innigem Respekt. Er deklamierte noch in seinen letzten Jahren George-Gedichte und hob stets die Verdienste des Übersetzers und Nachdichters George hervor. Dem «Kreis» und dem weihevollen Treiben der George-Jüngerschaft hingegen stand er ablehnend und verständnislos gegenüber. Seine Aussagen über den «Meister» und die George-Nachläufer entsprechen in den wesentlichsten Punkten den Aussagen Max Kommerells (in: Max Kommerell: «Briefe und Aufzeichnungen 1919–1944», Olten und Freiburg i. Br. 1969). Mit Verachtung sprach er von würdelosen Rivalitäten und Neidereien innerhalb des «Kreises».

Siegfried Langs Lyrik steht in der Tat «außerhalb des lyrischen Herkommens unseres Landes». Doch welcher bedeutsame Schweizer Lyriker steht schon *innerhalb* «des lyrischen Herkommens unseres Landes»!? Die bemerkenswerten Schweizer Lyriker unseres Jahrhunderts sind poetischen Gesetzen verpflichtet, die nicht in der Schweiz kreiert wurden. Es gibt keine «schweizerische» Lyrik. Vollends die schöpferische Weltoffenheit Siegfried Langs scheint die schweizerischen Literaturkritiker in den zwanziger, dreißiger und vierziger Jahren stets wieder etwas fremd berührt zu haben. Lang hat aus seiner geistigen Herkunft, aus seinem geistigen und dichterischen Standpunkt nie ein Hehl gemacht. Im Nachwort zu seinem «Lesebuch schweizerischer Dichtung» (1938) unterstreicht er seine Abneigung gegen alle gestelzten «urchigen» Mätzchen, die das Bild der schweizerischen Literatur im Zeitalter der «geistigen Landesverteidigung» lebhaft mitbestimmten. Im Nachwort zu

dieser vorzüglichen Anthologie formuliert Lang seinen subtilen Zweifel «am Dasein des ‹Schweizerischen›» in der schweizerischen Literatur: «Das Schrifttum eines Landes, als Ganzes, oder in einer Anzahl seiner Erscheinungen zusammengefaßt, wird die verschiedensten Anblicke bieten: zukunftsichtige und zurückverlangende, heimatverwachsene und übersinnliche, kämpferische und hegende und andere mehr.»
Lang ist einer der ersten Schweizer Literaten, die sich ernsthaft mit dem Phänomen «Schweizer Literatur» auseinandergesetzt haben. Er kommentiert: «Das Schweizerische wird aus diesen Seiten aber doch auch zu vernehmen sein, wenn auch nicht so eindeutig, direkt anklingend wie aus der Dialektpoesie, die hier, mit Ausnahme von nur einem Beispiel, nicht vertreten ist. Es ist da, in dem Kapitel aus ‹Farinet›, wie in des Waadtländers Ramuz gesamtem Schaffen, der ersten großartig wesenhaften Erfassung der Berg-Natur und ihrer Bewohner, nach so vielen braven mittleren Leistungen der ‹Heimatkunst›... Es ist da, in der ton- und farbenvollen Landschafterei Robert Walsers, Meinrad Inglins, Hermann Hiltbrunners... Äußerlich mag es sich bekunden in einer Kargheit hier, einer Härte dort; einem plötzlichen Feurig-werden und wieder Ernüchtern der Sprache, einem altertümlichen Wortschnörkel; oder als eine Begrenzung der Phantasie, eine Inkorrektheit, ein Verschweigen (nach stillschweigender Übereinkunft wurde und wird in schweizerischer Dichtung immer viel verschwiegen). Der Ausländer, der den Band zur Hand nimmt, wird vielleicht sagen: ‹Ich weiß nicht, was es ist? wo es ist? – aber es ist da.›»
Die Weltoffenheit des Lyrikers Siegfried Lang wird durch den Essayisten und Anthologisten Siegfried Lang theoretisch präzisiert: «Solang uns vergönnt ist, die geistigen Ströme, die uns von den Nachbarländern her besuchen, bei uns aufzunehmen – niemand zwingt uns, davon mehr zu behalten, als uns gut dünkt –, wollen wir der Wechselwirkung froh und nicht der steinige Anger sein, sondern uns unter welschem und deutschem Anhauch blühfreudig zeigen. Daß ein solches Verhalten nicht zur Preisgabe des Eigensten zu führen braucht, daran könnte uns schon C. F. Meyer erinnern.»
Nicht alle Schweizer Kritiker und Rezensenten waren mit Siegfried Langs Programm einverstanden! E. F. Knuchel, der Feuilleton-Redaktor der «Basler Nachrichten», vermißte in

Langs «Lesebuch» bezeichnenderweise die «volksnahe Dichtung» – die im «Mutterboden» wurzelnde Mundart, «die für die sprachliche Gestaltung, für Stil und Ausdruck so gut wie für die Wortwahl von wesentlicher Bedeutung für das schweizerische Schrifttum ist». Nur wenige Kritiker konnten sich für die verdienstvolle Absicht Langs begeistern: «Man wird eine Anzahl bekannter und geschätzter Verfasser vermissen. Es handelt sich um solche, die eines Hinweises auf ihr Werk heute weniger bedürfen und denen günstige Umstände (!), wenn sie es wollen, ein Hervortreten jederzeit gestatten. An ihrer Stelle kamen Verfasser zu Wort, die es heute schwer haben, sich Gehör zu verschaffen, oder solche, deren Namen zwar bekannt sind, während ihre Hervorbringungen, aus irgendwelchen Gründen, im Dunkel bleiben.»

Ein E. F. Knuchel vermißte in dieser Sammlung ohne Zweifel die «vielen braven mittleren Leistungen der ‹Heimatkunst›» und jene «geschätzten Verfasser», die im Jahr 1938 «eines Hinweises auf ihr Werk» nicht bedurften und «denen günstige Umstände... ein Hervortreten jederzeit» gestatteten! Siegfried Lang hingegen setzte sich für die von der «offiziellen» Literaturkritik der dreißiger Jahre vernachlässigten und totgeschwiegenen Autoren ein. Er präsentierte in seinem «Lesebuch» Arbeiten von Robert Walser, von Karl Stamm, von Albert Steffen, von Ludwig Hohl, von Max Pulver, von Otto Wirz, von Cécile Ines Loos, von Rudolf Jakob Humm, Albin Zollinger und Werner Renfer. Dieser Einsatz machte sich freilich nicht bezahlt. Siegfried Lang manövrierte sich durch sein unerschrockenes Bekenntnis zu den literarischen Außenseitern selber in eine qualvolle Außenseiterposition.

Im Nachwort zu seinem «Lesebuch schweizerischer Dichtung» stellt Lang auch seine poetischen Grundsätze zur Diskussion. Er bezeichnet die «reine Poesie» unverhohlen als ein «Postulat in Permanenz» – «das heißt: sie wird kaum zu verwirklichen sein; sie bleibt aber das orientierende Wahrzeichen, Fanal der Schaffenden». Er wendet sich mit Vehemenz gegen die «Sprödigkeit» des schweizerischen Lyrikers, «die ihn so oft von der letzten Formsorgfalt zurückhält, als ob er sich mit ihr etwas vergäbe». Er rügt den verehrten Karl Stamm, der «Gott auf Not» zu reimen wagte und damit gegen die Prinzipien der «reinen Poesie» verstieß. Er rügt auch «die Vortragsweise, die im allgemeinen das Radio unsern Dichtern angedeihen läßt»; die bei Radiosendungen gepflegte «rezitatorisch-schauspielerische» Vortragsweise sei «das Gegenteil einer dichterischen Hersagung». Schließlich bricht er eine Lanze für die Übertragungen aus fremden Sprachen, für Nachdichtungen, die «nicht betriebsmäßig hergestellt, sondern von einem Menschen mit Gestaltungsvermögen unternommen werden»; diese Übersetzungen «können, in einzelnen Fällen, fast als vollwertige Dichtung erscheinen».

Als überragende, «richtungweisende» Übertragungen verehrte er Stefan Georges Dante-, Shakespeare-, Baudelaire-, Swinburne-, Verwey-, Verlaine-, Mallarmé- und Rimbaud-Nachdichtungen. Doch auch seine eigenen Übersetzungen von Henry D. Thoreau, von Charles Dickens, von Emily Brontë, von Henry Fielding, von Edgar Allan Poe, von Philippe Diolé und Stanislas d'Otremont betrachtete er als «vollwertige Dichtung». Auch in diesen Arbeiten versuchte er seine Forderung nach einer «reinen Poesie», sein «Postulat in Permanenz» zu erfüllen. Seine Übertragung von Rimbauds «bateau ivre» (1929), sein «Versuch, entgegen der Auffassung der Expressionisten, das Ganze durchweg streng ins alexandrinische Maß zu fügen», betrachtete er selber als eine Demonstration für die «reine» «Übersetzungs-Poesie».

Wie wird Lang seinem apodiktischen dichterischen Programm, seinem «Postulat in Permanenz» in seinen lyrischen Werken gerecht? Welcher junge Leser vermag heute die poetischen Intentionen und Ambitionen dieses Lyrikers zu teilen? Die von Lang geforderte «reine Poesie» ist ja längst nicht mehr «das orientierende Wahrzeichen... der Schaffenden»! Ist Siegfried Langs Lyrik überhaupt noch genießbar?

Schon nach dem Erscheinen des repräsentativen, «durch eine seltene Edelreife ausgezeichneten» Bandes «Die fliehende Stadt» sah sich Eduard Korrodi veranlaßt, Lang gegen die «Beurteilung einiger» zu verteidigen, «die seine Gedichte als kalte Pracht und ästhetische Künste... erledigen». «Diese Gedichte lassen sich nicht erledigen», eiferte sich Korrodi, der uns heute als der gewissenhafteste und wachsamste Interpret von Siegfried Langs Lyrik erscheint. «Sie protestieren mit Würde einfach durch ihr schönes Dasein.» Korrodi nimmt Lang auch gegen den Vorwurf in Schutz, «solche Gedichte seien meist ‹sine materia›»: «Diesen Vorwurf wird der Künstler... sogar erwartet haben, weil er ihm beweist, daß er die Dichtung einem lehrhaften Zustand weit entfernt hat, wofür wir ihm zu danken haben.» Lang lehre «das Schöne selbst, dessen Gesetze diese Gedichte durchwalten».

So fand ich mich zur Stelle:
Auf üppigstem Gewühl
Von fettem Blatt und Welle
Glasflüglige Libelle,
Lichtmücken-Rauch und helle
Ranunkel, gelbe Grelle
Im Morgen, mittagschwül.

...

Lang huldigt auch in diesen seinen «härtesten» und ausgefeiltesten Versen («Ankunft» in «Elegie», Zürich 1936) nie irgendwelchen ausgeklügelten und wolkigen «ästhetischen Künsten, die weit vom Ziele führen». Von den besten Gedichten dieses Naturbildners geht eine straffe Gemessenheit, eine poetische Ausgewogenheit und Beherrschtheit von einzigartiger atmosphärischer Dichte aus. Der Vergleich mit der «kalten Pracht» der Georgeschen Bilder ist verfehlt. Der Vergleich mit den Naturgedichten von Oskar Loerke und vor allem von Wilhelm Lehmann wäre gewiß ergiebiger.

Noch summen Bienen tätig-leis',
Im Speicher rastet schon das Korn;
Leer dehnt die Stoppel, nackt der Dorn,
Still schichten Blätter sich im Kreis.

Wie nimmerlaß die Bienen sind.
In Blüten-Körben winkt noch Lohn,
Die braunen Scheiben taumeln lind
Zu barscher Äxte Ton.

Von Hügels Rande treiben sie,
Die Wolken, weit ins Blau geschweift,
Nicht länger mehr verbleiben sie
Dem Land, das hochhinan gereift.

Durch Wald-Streu und der Blätter Gruft
Verweht des Windes Abend-Raub:
Von Rauch und mürb-gewelktem Laub
Ein fern-getragner Duft.

Lang ist der einzige bemerkenswerte schweizerische Natur- und
Landschaftslyriker der ersten Jahrhunderthälfte. Seine statischen, kindlich unmittelbaren Natur- und Stimmungsbilder
sind von unerbittlicher Klarheit und Durchdachtheit. Diese
Gedichte sind auch in ihren kristallen-konzentriertesten Passagen von einer erlesenen menschlichen und dichterischen Vitalität. Man kann die Lyrik Siegfried Langs als «Kunst-Lyrik», als
«Kunst-Werk» bezeichnen (Armin Mohler). Die «blanke»
Kühle über seinen scharf konturierten Landschaften und Gärten ist stets eine «besonnte Kühle»:

Der Garten in besonnter Kühle,
Die Dächer tief im Hermelin,
Daß keins der Erde Härte fühle
Ist Samt um jedes Beet gediehn.

Ein Zweig nur lastet ohne Gnade
Und schwarz und ohne Glanzgeschmeid,
Die dunkle Amsel huscht am Pfade
Als trage sie ein gleiches Leid...

Am Teiche aber lebt ein Sprühen
Von tropfenbuntem, zartem Eis,
Steinschlanke Nymphenhände mühen
Sich um das frostverwirrte Reis.

Der Brunnen, schimmernd eingebettet,
Pulst voll mit silbrig hellem Schlag —
Die Amsel hat sich aufgerettet
Und jauchzet in den blanken Tag.

In diesem frühen Wintergedicht («Weiße Frühe I» in «Gärten
und Mauern», Basel 1922) beobachtete Korrodi «eine fast ehr-
erbietige Haltung, keine Anbiederung an das Naturgeschehen»
und «ein das Zarteste empfindendes, passives Zuschauen».
Dieses «passive Zuschauen» hat nichts mit geistiger und mora-

lischer Teilnahmslosigkeit und Indifferenz zu schaffen. Langs
Gedichte sind von einer kompromißlosen, beschwingten Na-
turfrömmigkeit. Aber er ist kein verträumter «Wanderer zwischen Rosen»! Er ist der erste Schweizer «Landschafter», der
sich konsequent gegen die ausgeleierte «lyrische» Natur- und
Jahreszeitensymbolik wandte und der die von Karl Krolow
geforderte «notwendige Übereinkunft zwischen menschlicher
und landschaftlicher Physiognomie» herstellte.

Die Hecken klirren
Vor Frost und Last,
Weidvögel schwirren
In planloser Hast.
Über die Breiten
Glitzert ein Baum,
Kein Hauch, kein Schreiten
Alles ist Traum.

Das unbedingte «Postulat in Permanenz» verhinderte schon in
Langs frühesten Versen («Weiße Frühe II» in «Gärten und
Mauern», Basel 1922) alle schwerblütig erhabenen, seichten
Zufälligkeiten. Langs einsame Größe innerhalb der schweize-
rischen Lyrik seiner Zeit wird schon bei einem flüchtigen Ver-
gleich mit den überschwenglichen Offenbarungen und den
blassen Deklamationen seiner gleichaltrigen Kollegen deutlich.
Vor dem Auftreten von Albin Zollinger, Werner Zemp und
Adrien Turel war Lang der einzige wirklich unverkennbare
Schweizer Naturlyriker in der modernen Literatur.
Lang ist ein präzisionsbesessener Wortschöpfer. Sein Bekenntnis zur schlackenlosen Dichtung, zur «poésie pure», ist nichts
anderes als ein Bekenntnis zu sprachlicher und poetischer Konzentration und Präzision. Die sprachliche und poetische Sorgsamkeit ist das einzige «Fanal der Schaffenden». Siegfried Lang
strebt nach dem reinen «Ding-Gedicht», nach dem «absoluten»
Gedicht, in dem «Wort und Ding... die gleiche Körperwärme»
erlangen (Hilde Domin). Lang ist ein Stimmungs-Mensch;
seine Lyrik ist Stimmungs-Lyrik, Augenblicks-Lyrik:

Saum des Waldes, oben lichtbewohnt,
Aus dem Blau-Gewirr ins Reine mündend,

Dunkler Wegrand, vom Gebüsch beschont,
Zwischen Stämmen gelbe Blumen zündend.

Stille – aber eines Grauens Weile,
Drin geschreckt des Rehes Pulse stocken –
Aus dem Tannicht mit gemeßner Eile
Raben breit durch Nebel niederflocken.

Strahl du, von den dennoch sacht geregten
Schaumumhellten Wipfeln zückst du her,
Triffst noch einmal, doch die nachtumhegten
Gründe schauern leer.

Die Bedeutung von Langs Lyrik läßt sich nicht durch die Zitierung eines einzelnen Gedichtes belegen. Im Gegensatz zu Trakl («Grodek»), zu Benn («Astern»), zu George («Komm in den totgesagten park...»), zu Jakob van Hoddis («Weltende») oder zu Celan («Todesfuge») hat Lang kein «Lebensgedicht», kein Lesebuchgedicht geschrieben. Bei Siegfried Lang findet sich kein Text, den man als Summe seiner poetischen Bemühungen präsentieren und der uns den Einstieg in die Langsche Gedichtwelt erleichtern könnte. Diese Gedichtwelt ist von einer (bisweilen etwas ermüdenden) inhaltlichen und sprachlichen Gleichförmigkeit. Die Bedeutung dieser Lyrik ließe sich nur durch eine wohldurchdachte Auswahl demonstrieren.
Schon im Jahr 1926 sah sich Eduard Korrodi veranlaßt, für Lang die «hohe Anerkennung» zu fordern, «die ihm rechtens zukommt». Seither haben sich die namhaftesten Schweizer Literaturwissenschafter stets wieder zu diesem Dichter bekannt: «Das Ganze seines Schaffens... erweist sich als ein Schatz von solcher Köstlichkeit, daß wir in der Geschichte der schweizerischen Dichtung seit C. F. Meyer nicht viel damit zu vergleichen wüßten.» Dieses Urteil von Emil Staiger stammt aus dem Jahr 1947. Bei der Überreichung des Basler Kunstpreises (1951) bescheinigte Walter Muschg in seiner Laudatio dem Dichter und dem Preisgremium den «Mut zur Unpopularität». Muschg hob die Tatsache hervor, daß Lang in seinem Streben nach der reinen Form, nach der absoluten Dichtung stets allen snobistischen Manierismen zu entgehen vermochte. Auch deutsche und österreichische Literaten bewunderten die

schöne Welt Siegfried Langs: «Seit Jahren habe ich keine Verse von so inniger und strahlender Schönheit gelesen», gestand Ernst Robert Curtius in den dreißiger Jahren. «Ich empfinde Staunen, Beglückung und Trost. Man muß die innersten Geheimnisse der deutschen Sprache kennen – Geheimnisse, die nur aus Goethe zu erfahren sind – um so zu schreiben.» Alexander Lernet-Holenia schließlich war überzeugt, daß Lang der neben Gottfried Benn bedeutendste «überlebende» deutschsprachige Lyriker sei. Alle diese Bekenntnisse stießen auf taube Ohren. Sie kamen zu spät: Sie waren einem Mann zugedacht, den Literaturkritik und Leserschaft längst abgeschrieben hatten. Der letzte repräsentative Gedichtband von Siegfried Lang («Vom andern Ufer») erschien im Jahr 1944. Seit Jahren sind alle seine Bücher vergriffen und vergessen. Auch eine wirklich fundierte und verbindliche Auseinandersetzung mit der Lyrik Siegfried Langs steht noch immer aus. In diesem Zusammenhang stellt sich die Frage nach dem Sinn einer Neuausgabe von Langs Werk. Soll man die «unzeitgemäßen» Verse dieses verschollenen Dichters überhaupt wieder ans Licht ziehen? Würde man Siegfried Lang mit einer Neuausgabe seiner Gedichte einen Dienst erweisen?

Ich sehe mich an dieser Stelle veranlaßt, meine Gedanken über die aufwendigen, ja «undemokratischen» Editionen zu wiederholen, die man in den vergangenen Jahren einigen mißachteten Schweizer Autoren der älteren Generation zukommen ließ[1]. Ich bin nach wie vor der Meinung, daß man sich der Verantwortung für einen über Jahrzehnte hinweg totgeschwiegenen Autor nicht durch die voreilige Herausgabe unhandlicher und luxuriöser «Gesamtwerke» entledigen sollte. Diese Überlegung beschäftigt mich gerade bei der Betrachtung eines Lyrikers vom Schlage Siegfried Langs. Durch eine wuchtige «klassische» Gesamtausgabe würde man einen Siegfried Lang vollends erledigen. Durch eine gewissenhafte und straffe Werk-Auswahl hingegen bliebe uns die elementare schöpferische Vitalität dieses Autors erhalten. Es wäre jedenfalls schade, wenn man auch Siegfried Lang durch eine für «gewöhnliche» Leser unzugängliche und unverdauliche Gewaltausgabe zur Sache einiger literarischer Feinschmecker machen würde.

---

[1] Vgl. «Die große Unruhe», S. 7.

Ein Lesebuchheiliger

Bemerkungen zu Meinrad Inglins Prosa

Meinrad Inglin gehört innerhalb der schweizerischen Literatur längst zum «eisernen Bestand». Seit dem monumentalen «Schweizerspiegel» (1938) werden seine Werke mit akribischer Hartnäckigkeit mit den Werken Gottfried Kellers und Adalbert Stifters verglichen. Durch so voreilige Beifallskundgebungen wurde er noch zu Lebzeiten selber zum helvetischen Klassiker befördert. Auf diese Weise entzieht man sich der kritischen Auseinandersetzung mit einem Zeitgenossen. Wie Johann Peter Hebel, Jeremias Gotthelf oder Pestalozzi wird er unserer Jugend seit Jahrzehnten als währschafte helvetische Kost serviert. Auch ihn haben die Pädagogen zu einem Lesebuchheiligen degradiert. So ist es kein Wunder, wenn ein Berner Jugendanwalt einem durch «Porno»-Literatur verdorbenen Schüler so «bodenständige (!) Autoren wie Meinrad Inglin, Mary Lavater-Sloman, J. C. Heer und Emil Balmer» empfiehlt! Es gibt freilich erstaunlich viele eindeutige und gut fundierte Stellungnahmen zum Werk Meinrad Inglins. Der streitbare amerikanische Germanist Heinrich Meyer kommt zum Schluß, daß Inglin «viel besser» als Faulkner oder Hemingway sei. An dieser Stelle möchte ich auf Heinrich Meyers hervorragende Verdienste um die moderne schweizerische Literatur, vor allem um Otto Wirz, Kurt Guggenheim und Erika Burkart aufmerksam machen[1]. Max Wehrli wiederum bezeichnete Inglin «in einem speziellen Sinn als den bedeutendsten Schweizer Dichter von heute», und Max Frisch schrieb in einem Offenen Brief an die von der Jugendanwaltschaft gemaßregelten Schüler eines bernischen Gymnasiums: «Gestern war übrigens Meinrad Inglin hier, ein prachtvoller Mann; der Jugendanwalt, der Sie auf Meinrad Inglin verweist, hat recht: ein vortrefflicher Autor. Aber ich kann Ihnen verraten: Dieser alte Inglin wäre auf Ihrer Seite. Der Jugendanwalt würde sich wundern.»
In den germanistischen Seminarien unserer Universitäten entstehen Dissertationen über das Schaffen und die Eigenart des 1971 verstorbenen Innerschweizer Prosaisten; trotzdem mußte der Zürcher Literaturwissenschafter Karl Schmid in einem Vor-

trag zum 70. Geburtstag Meinrad Inglins (1963) etwas resigniert feststellen: «... die Aufgabe desjenigen, der Meinrad Inglin rühmen will, kann heute nicht darin bestehen, daß er seine einzelnen Werke mit charakterisierenden Bemerkungen bedenkt; es ist so, daß man... der Nation vor allem sagen muß, wen sie da besitzt und leider viel zu wenig kennt.» Tatsächlich hat es «die immer wieder vollzogene hohe Einstufung seines Werkes durch die Kenner» nicht «dahin gebracht, daß er in der Schweiz und im allgemeinen deutschen Sprachgebiet diejenige Stelle einnähme, die ihm gebühren würde».

Die Neuauflage des autobiographischen Romans «Werner Amberg» (1949/1969) und die großzügige Ausgabe seiner gesammelten Erzählungen (1968 und 1970) vermitteln uns einen unmittelbaren Einblick in die Welt Meinrad Inglins. Auch heute kann «die Aufgabe desjenigen, der Meinrad Inglin rühmen will... nicht darin bestehen, daß er seine einzelnen Werke mit charakterisierenden Bemerkungen bedenkt». Man sollte wirklich einmal auszusprechen versuchen, wen wir da besaßen und leider viel zu wenig kannten. Es ist Zeit, unsere Jugend auf einen ihrer zuverlässigen Sprecher aufmerksam zu machen.

Vor allem im Bericht «Werner Amberg» wirbt Inglin um Verständnis für das Wesen und das Verhalten des Kindes, des jungen Menschen. Hier manifestiert sich stets wieder seine pädagogische Ader: «Die Erlebnisse, die das Kind erschüttern, ragen in weiten Abständen wie düstere Inseln aus dem Flusse des täglichen Lebens. Der Fluß bäumt sich in ihrer Nähe, fährt schäumend hastiger dahin und sieht bald wieder harmlos aus. Die Inseln scheinen zurückzubleiben und werden vergessen, doch hat die Strömung sie mitgerissen; sie schwimmen als gefährliche Brocken unter der Oberfläche, verleihen dem Wasser unmerklich eine besondere Färbung, schleifen am Grunde hin und schürfen das Flußbett tiefer aus, sie wirken zwischen engen Ufern hemmend, stauend, und heben von Zeit zu Zeit erkennbar ihre dunklen Rücken ans Licht. Eine dauernde bange Erwartung stellt sich ein, die mit einem dumpfen Schuldgefühl verbunden ist.»

Die wenigen Sätze umreißen Thematik und Grundtenor des Inglinschen «Schlüsselbuchs», das in seiner sprachlichen und strukturellen Schlichtheit zu den subtilsten Pubertätsstudien der neueren deutschsprachigen Literatur zählt. Wie Robert

Musils Törleß lebt auch Werner Amberg unter dem Fluch des Fleisches in einer qualvollen Verwirrung und Hilflosigkeit seiner Umwelt gegenüber. Sein Leiden an der eigenen Unzulänglichkeit ist maßlos. Als ein rebellischer Versager sondert er sich von der Gesellschaft ab: «Im Jünglingsalter versagte ich auf den gebahnten Wegen, ging wie ein ungeselliger Igel meine eigenen Pfade und sträubte abwehrend die Stacheln gegen alle Welt.» Das ist die Reaktion des Jünglings auf die zermürbenden Prophezeiungen der Erwachsenen: «Du bist nichts und kannst nichts und wirst nie etwas werden.»

Es berührt einen etwas befremdend, daß sich der Atlantis Verlag noch immer zur überflüssigen Versicherung gedrängt fühlt, Inglin sei «alles andere als ein Epigone». Tatsächlich scheint Meinrad Inglin ein ausgesprochen konservativer Erzähler zu sein. Er bekennt sich zu einer über Generationen hinweg erprobten Erzähl-Tradition. Die Vermutung aber, daß sich dieser Autor leichten Herzens über die sprachlichen Umwälzungen seit dem Expressionismus hinwegsetze, wird nicht zuletzt durch seine beharrliche und unbarmherzige Auseinandersetzung mit seinen eigenen Arbeiten widerlegt. Alle seine Hauptwerke unterzog er stets wieder sorgfältigen Überarbeitungen und Umformungen, die seinen Zweifel an Wort und Satz unterstreichen. Diese Neufassungen verraten freilich auch den unerschütterlichen Glauben an die Wirkungskraft des sauberen, präzisen, auf das unmittelbare Geschehen ausgerichteten deutschen Satzes. Inglins Prosawerke sind eindrückliche Bekenntnisse zu sprachlicher Sauberkeit, zu höchster thematischer und sprachlicher Präzision.

Bei der Lektüre seiner Prosa kann man allerdings auch beobachten, daß dieser Drang nach dichterischer Makellosigkeit Gefahren in sich bergen kann. In einigen Passagen jedenfalls hat Inglins poetische Sorgsamkeit den Verlust der für seine Sprache bezeichnenden Spontaneität und Vitalität zur Folge. Auch einige etwas zu schulmeisterlich moralisierende Stellen («Der Lebhag», «Eine auserwählte Henne») wirken letztlich recht kraftlos und steril. Diese Qualitätsunterschiede in Inglins Erzählungen vermögen einen Leser bisweilen gewiß zu verunsichern. Sie fördern die unerfreulichen Mißverständnisse, unter denen das Werk Meinrad Inglins schon immer zu leiden hatte. Ich betonte schon, daß Inglins Verzicht auf alle künstlerischen

Pretiosen und Raffinessen den Ausgangspunkt für viele voreilige Mißdeutungen seines Schaffens bildete. Bis auf den heutigen Tag wird seine gestalterische Urwüchsigkeit immer wieder mit «urchiger» «Heimatdichtung» verwechselt. Seine Sprache ist in der Tat «landesgebunden, ja beinahe hausgebunden» (Paul Kamer). Der Terminus «Heimatdichter» aber erfaßt ihn seit dem großen Mißbrauch der heimatlichen Scholle nicht mehr. Alle pseudovolkstümlichen literarischen «Blubo»-Errungenschaften sind von einer unleidlichen weltanschaulichen und sprachlichen Sterilität und Kompromißlosigkeit. Meinrad Inglins Prosa hingegen ist auffallend biegsam und offen. Zugleich gibt es innerhalb der schweizerischen Literatur nur wenige Zeugnisse, die von einer so bemerkenswerten inhaltlichen und verbalen Entschlossenheit und Gradlinigkeit zeugen. Die organische Einheit von inhaltlichen und sprachlichen Elementen in Inglins Romanen und Erzählungen ist erstaunlich:

«Im September 1912 kam der deutsche Kaiser in die Schweiz, um sich die Manöver des dritten Armeekorps anzusehen, für ihn ein unverfängliches Vorhaben, wie es schien, für die bescheidene Republik aber, die er in den zwei Jahrzehnten seiner Regierung einer solchen Beachtung nie gewürdigt hatte, eine Sensation. An einem regnerischen, herbstlich kühlen Tage traf der hohe Gast mit ansehnlichem Gefolge in Zürich ein und stieg in einem Hause ab, dessen Vergangenheit seinem kaiserlichen Wesen angemessen erscheinen mochte, in der ehemaligen Villa Wesendonck. Die feierlich erregten Willkommensartikel der bürgerlichen Presse, die Begrüßung am Bahnhof durch die obersten Landesbehörden, die Ehrenkompagnie, die Fahrt durch beflaggte Straßen und der Jubel des Volkes bewirkten einen Empfang, wie er auch einer reichsdeutschen Stadt nicht besser hätte gelingen können. Das militärische Schauspiel war vorbereitet, mit aller Sachlichkeit übrigens, die Manöver wurden reif zur Besichtigung.»

Diese prägnanten, mit sprödem Humor untermauerten Bemerkungen leiten Meinrad Inglins «Schweizerspiegel» ein. In seiner wertvollen Inglin-Studie (in «Zeitspuren», Zürich 1967) unterstreicht Karl Schmid mit Recht, daß «nur ein im Handwerk des Schreibens längst meisterlich Gewordener» auf so engem Raum «eine Epoche so zu eröffnen» vermöge. Diese poetische Konzentration kennzeichnet die stärksten Arbeiten Meinrad Inglins. Die erzählerische Dynamik, die von seinen Romananfängen ausgeht, führt uns den schriftstellerischen Standort und das schöpferische Temperament dieses Autors vor Augen. Seine oft von geheimnisvollen Untertönen begleiteten Eröffnungen vermitteln ein in der zeitgenössischen deutschsprachigen Literatur seltenes künstlerisches und menschliches Realitätsbewußtsein:

«An einem heiteren Junimorgen sprang in Aaschwanden ein Mann von seinem Fuhrwerk und ging zum nächsten Hause, ohne sich um Roß und Wagen zu kümmern.» («Urwang») – «Ein alter Herr ging durch die Halle des Parkhotels, nickte dem Sekretär zu, der ihn, mit Gästen beschäftigt, über die Schranke hinweg zerstreut grüßte, und öffnete im Hintergrund die Tür zum Büro.» («Wanderer auf dem Heimweg») – «Zwei Landstreicher, die sich noch nie gesehen hatten, schlossen beim ersten Zusammentreffen im winterlich verschneiten Vorderau Freundschaft und zogen schnapsend von einer Wirtschaft zur andern.» («Begräbnis eines Schirmflickers») – «Als der Bauer Mathias Grüniger nach dem Abendessen vor sein Haus trat, kam aus der Dämmerung jemand auf ihn zu, grüßte höflich und fragte nach einer leerstehenden Einsiedelei, die hier in der Nähe sein müsse.» («Besuch aus dem Jenseits») – «Eines späten Nachmittags im Vorfrühling kam der Stadtammann von Erlenbüel lachend aus dem Rathaus, sah sich um und ging auf zwei Herren zu, deren einer... fragend rief: ‹Arnold, wie steht's, hat der Goldfisch angebissen?›» («Erlenbüel»).

Wenige deutschsprachige Autoren unserer Zeit haben eine so elementare Beziehung zum eigentlichen Geschichtenerzählen wie Meinrad Inglin. (Vielleicht fällt gerade diese Tatsache bei vielen oberflächlichen Lesern besonders negativ ins Gewicht?) Der Verzicht auf alle hypothetischen Exkurse entwickelte sich bei Inglin zu einem erlesenen Stilprinzip.

Auf den ersten Blick scheinen Thematik und Problematik dieses Autors leicht einschätzbar, leicht umreißbar zu sein. Landschaftliche und menschliche Eigenarten seines Innerschweizer Bergtals bilden immer wieder den Ausgangspunkt seines Schaffens. Es ist aber grundsätzlich falsch, Inglin nur als einen «realistischen Gestalter der Schweizer Landschaft» zu verehren, der «ein unverlierbares Bild... des Schweizer Volkstums entworfen» hat (Verleihungsurkunde des Wolfgang-Amadeus-Mozart-preises, Innsbruck 1967). Der Zerfall von Landschaft und «Volkstum» ist gerade in den Romanen und Erzählungen des landschafts- und volksverbundenen Meinrad Inglin weit fortgeschritten. Neue befruchtende menschliche Energien müssen importiert werden; neue Landstriche werden nutzbar gemacht. Wie in den Büchern von C. F. Ramuz bleibt der Mensch in Meinrad Inglins Arbeiten in der bedrohlichen und bedrohten Landschaft einsam, winzig, den Urgewalten unterstellt und ausgeliefert. Diese Erfahrung bewahrt den Schreiber vor schwärmerisch-süßlichen Verherrlichungen der heimatlichen Bergwelt; gleichzeitig fordert sie ihn stets zur gnadenlosen Auseinandersetzung mit landschaftlichen und menschlichen Elementarmächten heraus – ein schöpferischer Vorgang, der sich oft mit geradezu physischer Eindringlichkeit auf den Leser überträgt.

---

[1] Vgl. Heinrich Meyer «Was bleibt. Bemerkungen über Literatur und Leben, Schein und Wirklichkeit», Stuttgart 1966.

Gegen die «Fäulnis unserer Zeit»

Der Weltbürger Jakob Bührer

*Ist unsere Gesellschaft wirklich im Kern korrumpiert, und dies dank
der bestehenden Wirtschaftsordnung, und liegen hier die tieferen und
letzten Ursachen der Katastrophe dieser Gegenwart? Muß sie ... notwendig in den Untergang führen oder gibt es einen Ausweg? Und
welchen?*

Jakob Bührer «Yolandas Vermächtnis»

Am 5. Dezember 1932 richtete der angesehene Romancier und
Dramatiker Jakob Bührer den folgenden Brief an den Vorstand
der Sozialdemokratischen Partei des Kreises 3, Zürich-
Wiedikon:

«Geehrteste! ich möchte Sie bitten, mich als Mitglied Ihrer
Partei aufzunehmen. Seit ich politisch zu denken vermag, lebe
ich der Überzeugung, daß nur ein Staat, der sich die Wirtschaft
unterordnet, eine sittliche Gesellschaft fordern und verbürgen
kann. Seit jener Zeit also bin ich Sozialist oder Kommunist.
Dabei war ich stets überzeugt und bin es noch, daß der schweizerischen Demokratie der Wille, zum wirtschaftlichen Gemeinschaftsstaat vorzustoßen, innewohnt. Als die ‹Staatsform
der permanenten Revolution›, als die noch jüngst Bundesrat
Meyer in seiner Uster-Rede die Schweiz ansprach, muß sie
meines Erachtens zu diesem Endziel kommen, entsprechend
der zwangsläufigen Entwicklung der Weltwirtschaft. In dieser Erkenntnis hielt ich es für richtig, so lange wie nur
möglich, im bürgerlichen Lager selbst für diese Entwicklung
einzutreten, in der Erwägung, daß es notwendig sei, in erster
Linie zu denen zu reden, die die Gewalt in Händen haben, daß
es verkehrt sei, wenn sich alle fortschrittlichen Elemente von
den Bürgerlichen abtrennten, da dadurch die Reaktion nur ver-
stärkt würde, in der Erkenntnis auch, daß auch das vernünf-
tigste Wort nicht mehr gehört wird, sobald es aus dem gegne-
rischen Lager kommt. Heute jedoch ist unsere Bourgeoisie so
weit, daß sie die entwicklungsgeschichtlich reife und fällige
‹Revolution›, nämlich die primitivste Unterordnung der Wirtschaft unter die Allgemeininteressen, auf dem legalen Wege

verunmöglicht; sie ist von der verschleierten zur unverhüllten Diktatur übergegangen. Die bürgerliche Presse gehorcht. Sie verschließt sich jedem, der irgendwie an die Herrschaft des Privatkapitals rührt. Dabei liegt hier die Schicksalsfrage unseres Landes. Es ist also ein Hohn, von bürgerlicher Pressefreiheit zu sprechen. Somit bleibt heute einem geistigen Arbeiter, der sich seiner Zeit und seinem Land gegenüber verantwortlich fühlt, keine andere Wahl, als sich in die Front zu stellen, die noch den Kampf gegen die Reaktion ermöglicht. Ich brauche nicht zu betonen, daß das mit Überläuferei nichts zu tun hat. Meine ganze schriftstellerische Tätigkeit war immer ein Kampf nach rechts. Ich habe bisher nie einer politischen Partei angehört. Heute aber kann man sich den Luxus politischer Unabhängigkeit nicht mehr leisten. Seit der Stunde, da in Genf ein Maschinengewehr in eine unbewaffnete Volksmenge feuerte, und seit die letzte Hoffnung zerstört wurde, man könne das ungeheuerliche Ereignis als eine Kette von kopflosen Unzulänglichkeiten erklären, gilt das eine Wort: Wer nicht für mich ist, ist wider mich. Die Tatsache, daß man einem aufrechten und leidenschaftlichen Kämpfer für die entbehrenden Volksschichten den Prozeß macht, indessen man kein Wort des Tadels für die militärischen Handlungen findet, ist ein derartig eindeutiger Akt der Klassenherrschaft, daß man seine demokratische Überzeugung verrät, wenn man jetzt nicht Partei ergreift. Der Ausschluß der Kommunisten vom Bundesdienst ist die letzte Bestätigung dieser Klassenherrschaft. Hochachtungsvoll, Jakob Bührer, Schriftsteller.»

Das im sozialdemokratischen Organ «Volksrecht» publizierte Bekenntnis hatte für Jakob Bührer verheerende Folgen. Von einem Tag zum andern konnte er nicht mehr in den Zeitungen publizieren, denen er über Jahre hinweg seinen Lebensunterhalt verdankte. Obschon er seit seiner ersten Veröffentlichung («Kleine Skizzen von kleinen Leuten», 1910) nie ein Hehl aus seiner politischen Gesinnung machte, besaß er stets die Möglichkeit, Aufsätze und Leitartikel in der bürgerlichen Presse unterzubringen. Längere Zeit betätigte er sich gar als Redaktor «freisinniger» Blätter. Der «eingeschriebene» Sozialdemokrat Bührer aber war als Mitarbeiter bürgerlicher Zeitungen nicht mehr tragbar. Sein Rückzug in das Tessiner Dorf Verscio (1935) besiegelte gleichsam den Bruch mit der Bourgeoisie.

In der schweizerischen Literaturgeschichte spielt Jakob Bührer die Rolle des Proletarier-Anwalts, des großen Gestalters der «Krampfer» und «Krüppler», die «in gemeinsamer, getreulich geteilter Schinderei... das Reden... verlernt» haben. «Sie litten alle ein wenig darunter», heißt es in der exemplarischen Erzählung «Die Steinhauer Marie» (1916), «aber gerade, wenn dem einen das Herz zum Überlaufen voll war, brachte er kein armes Wörtlein heraus.»

Jakob Bührer ist alles andere als ein «Linien-Sozialist». Man wird ihm nicht gerecht, wenn man seine Bücher auf ihren «sozialistischen» oder gar auf ihren parteipolitischen Gehalt hin untersucht. Seine Arbeit basiert auf der simplen Einsicht, daß die Menschheit durch «die Entwicklung des Geldes» auf Abwege geraten ist. Sie wird dem Verhängnis nur durch eine radikale geistige und moralische Kehrtwendung, durch die Bildung einer «neuen Weltordnung» entgehen. Diese soziale «Weltorganisation» setzt «die primitivste Unterordnung der Wirtschaft unter die Allgemeininteressen» und die Ausrottung des Nationalismus voraus. Bührer hat die Erkenntnis durchlitten: «Daß es mit dem Kapitalismus nicht geht, daß es mit dem, was der Russe Kommunismus nennt, nicht geht, das ist bombensicher. Aber eine rege und zielbewußte Sozialdemokratie müßte den Weg finden in den Gemeinschaftsstaat, der die einzige Rettung sein kann.» Seinen Gedanken liegt die lapidare Feststellung zugrunde: «Es stimmt nicht mit dem Vaterland. Es stimmt nicht mit den Schulmeistern. Es stimmt nicht.» Die jungen «enterbten» Protagonisten in Jakob Bührers Romanen müssen die Grunderfahrung machen, wie kompliziert das «Einfache», wie unerreichbar das «Selbstverständliche» in der bestehenden Gesellschaftsordnung ist. «Es gibt kein Drüben!» verkündet der rebellische Franz Geßler in den autobiographischen Aufzeichnungen «Aus Konrad Sulzers Tagebuch» (1917). «Wenn wir uns alle das vor Augen setzen würden: auf dieser Erdkugel, die von mechanischen, gefühlsfreien Gesetzen gedreht und beherrscht wird, haben wir eine kurze Spanne zu leben, nachher ist's aus! Müßten wir uns da nicht sagen: es ist klar wie der Tag, daß es allen dann am besten geht, wenn jeder auf den andern Rücksicht nimmt, wenn keiner beansprucht, was er leicht entbehren kann? Herrgott, so selbstverständlich ist das, so einfach! Und statt dessen diese Weltordnung, die mich hineinschmeißt in eine versoffene, verrohte Hintergasse, mich zwingt, Tag um Tag an der Maschine zu stehen und von morgens bis nachts zu schuften! Wozu?» Auch der Simplizissimus-Typ Kilian (im Roman «Kilian», 1922) erhält die Belehrung: «Siehe, ein Kind muß es verstehen. Da ist so ein Ding, wie dieser Stein, nur größer, runder. Darauf leben so und so viele Menschen. Die brauchen so viel Kleider, so viel Brot, so viel Schmuck. So viel muß her. Es ist vorhanden. Die Erde ist so reich. Ein jeder kann so viel erschaffen, als er braucht, und mehr, viel mehr. Wenn alles eingeteilt ist und geordnet. Statt dessen, was tun die Menschen? Sie stehlen, rauben, töten. Verarmen einander!»

Jakob Bührers Werk ist ein Aufschrei gegen materielle und geistige Verarmung, gegen materielle und moralische Ausbeutung – gegen die Unvernunft. Sein Kampf gilt den Profiteuren, die die «Rechnung ohne den Menschen» machen. Dabei ist er sich bewußt, daß es «mit der ewigen Schwarzmalerei der Armut» allein nicht getan ist: «Es ist nicht getan mit der Abschaffung des sozialen Elendes. Es gibt etwas, das alle quält, reich und arm: der Hunger nach Menschen. Der Hunger nach wahrhaftigen, tauglichen – zur Liebe tauglichen Menschen.» Er ist durchaus bereit, auch die positive «Macht des Geldes» und des technischen Fortschritts anzuerkennen: «Diese Wahrheit verkennen hieße Stumpfsinn: erst der Kapitalismus und seine Kinder Industrie und Technik haben die Erde zu einem menschenwürdigen kulturmöglichen Aufenthaltsort gemacht. Und trotzdem: wenn ein Fortschritt erzielt wurde, litten Hunderte Not. Kam es zu Kampf und Streit, kam es zu Krieg!» Ein elementares Verantwortungsgefühl diesen Notleidenden gegenüber bestimmt sein menschliches und schriftstellerisches Verhalten. Es wäre unsinnig, sein kompromißloses Bekenntnis zum geschundenen werktätigen Volke leichthin als klassenkämpferischen Einsatz zu etikettieren. Bührers Kampf gegen Unterdrückung und Elend ist frei von ideologischem Beigeschmack. Sein Protest gegen unwürdige Arbeits- und Lebensbedingungen fußt allein auf humanen, auf menschenrechtlichen Prinzipien. Er zeichnet das Existenzgrauen nach, das seine mißbrauchten Figuren überfällt:

«Verstehen Sie, Mère Juliette, daß man dies auf die Dauer nicht aushält!» schreibt Kilian an seine mütterliche Freundin. «Es

wird nämlich von Sekunde zu Sekunde furchtbarer: Plötzlich hört man es wimmern und jammern und schreien und toben und rasen aus allen Werkstätten und Arbeitsräumen und Fabriken und Schreibstuben und Gerichtssälen, aus allen Preziosenläden der ganzen Welt und vereinigt und verdichtet sich zu dem einen ungeheuren Schrei: Sind wir dazu in die Welt gekommen? Wer diese Stimme aber einmal vernommen hat, dem bleibt noch zweierlei übrig, Mère Juliette, das Irrenhaus oder – das Wirtshaus. Sehen Sie, das ist der große Irrtum der Abstinenten: Sie meinen, die Welt sei so übel daran, weil so viel gesoffen werde; ich aber sage Ihnen: Es wird so viel gesoffen, weil wir so übel daran sind! Diese ganze bürgerliche Weltordnung, meine Liebe, ist nur möglich dank dem Wirtshaus.»
Jakob Bührers Mitleid konzentriert sich vollends auf die halbwüchsigen Arbeitstierchen, auf die billigen kleinen Fabrikler und Fabriklerinnen, denen die «eisernen, befehlenden Maschinen» schon in frühesten Jahren «die Seele genommen haben». «In ihren Gesichtern lag ein Zug, der nicht zu ihrer Jugend passen wollte», schreibt er in «Konrad Sulzers Tagebuch». «Gibt es etwas Unglücklicheres, Gequälteres, als so einen Jüngling! Das Herz voll dunkler Ideale, muß er heran an die Erwerbsmaschine. Versagt, macht Fehler, wird ausgescholten, weiß selber nicht, wie's kam, daß er sich verging. Irgendwo am Abend begegnet ihm ein Mädchen, er sieht sie an, ahnt ihren Gruß, er wagt es nicht, geht vorbei und trägt ein süßes Rätsel mit sich fort. Am Himmel steht der Mond in weißen Wellenwolken, und schwarz und schwärzer dunkelt die Unendlichkeit dahinter, von kleinen und kleinern Sternen leis durchfunkelt. Er hebt ein wenig seine Arme, läßt sie sinken, verzweifelnd, glaubend – glaubend und verzweifelnd. Ein Wirtshaus steht am Weg, er eilt hinein, er findet Kameraden, er trinkt und trinkt und säuft und flucht und grölt und wird zum Rohling und war den Augenblick voll zärtlichster Empfindung.»
Die meisten dieser jungen Arbeiter lassen sich widerspruchslos in den verdummenden Fabrikbetrieb einordnen. Nach Feierabend flüchten sie sich in die Biernarkose. Sie haben sich mit Hilfe des Alkohols mit ihrem Schicksal abgefunden. Mit den helvetischen Zuständen sind sie «zufrieden»; sie verschanzen sich hinter den Phrasen der Beschwichtiger: «In der Schweiz

ist noch keiner verhungert.» Aufgewecktere Naturen hingegen konstatieren, daß es «im Grund eine unheimliche Geschichte mit dem Staat und der Helvetia» ist. Sie sind überzeugt, daß «selbstverständlich» «eine Revolution... kommen» muß. Sie mucksen auf: «Redet von einem Vaterland und Gleichberechtigung, indessen unter ihr die Herrensöhnlein und feinen Dämlein in seidenen Kleidern Fangball spielen und draußen ausgeschlossen vor dem Gittertor zwei ‹Brüder› zerlumpt und verachtet stehen! Ein solches Vaterland kann mir gestohlen werden, trotz seiner schönen Fahne!»

Die Bührerschen «Revolutionäre» zählen zu den unerbittlichsten und folgerichtigsten Schweiz-Kritikern in der deutschsprachigen Literatur. Es ist beschämend, daß man ihre Sorge um die Entwicklungsfähigkeit der schweizerischen Demokratie stets wieder als destruktiv, als «subversiv» zu diffamieren versuchte. Mit untendenziöser Akribie haben sie die Konsequenzen aus ihrer Erfahrung gezogen, daß «zwischen Bürgertum und Arbeiterschaft» eine Mauer «hoch und neu... aufgetürmt» ist. Sie argumentieren nicht als Hassende, sondern als Verzweifelte. So erregt sich der Angeklagte Kilian in seiner Verteidigungsrede:

«Meine Herren Geschworenen, ich bin dreiundzwanzig Jahre alt und habe tausend Franken selber verdient. Ist das etwa nichts? Es scheint Ihnen, daß ich mich rühme. Sie alle sind Geschäftsleute, Handwerker und Schlossermeister und Krämer. Sie wissen, was das heißt, tausend Franken zusammengaunern. Sie lachen. Aber das wissen Sie so gut wie ich: anders geht es nicht. Nur mit Profit und Prozenten kann man in unserer Demokratie etwas auf die Seite bringen. Bei uns aber wird der geachtet und geehrt, der es zu etwas bringt. Deshalb glaube ich nicht, daß Sie mich verachten können, wenn ich jetzt schon tausend Franken beieinander habe. So viel wollte ich Ihnen sagen über meine moralischen Fähigkeiten. Ich glaube, daß Sie mich verstehen!» Kilian kommt zum Schluß: «Mit allem kann man in der Schweiz zu etwas kommen, nur nicht mit Arbeit! Und ich schämte mich der Schweiz, schämte mich des weiß-roten Kreuzes, das manchmal auf dem Bundeshaus flattert, schämte mich des Kreuzes, das über den Kirchen steht und dessen, der daran gehangen haben soll, damit er die vielen Menschen bessere. Und sie sind so! Diese Gesellschaft ist so!»

Die als «Vaterlandsverräter» verketzerten «Revolutionäre» drohen zu kentern: «Menschenliebe? Wo war sie denn, diese Menschenliebe? – Mit Arbeit war nichts zu verdienen! Mit Handel wohl!»

Jakob Bührer ist wohl der engagierteste und zielstrebigste Schweizer Autor seiner Generation. Er gesteht unumwunden, daß er jederzeit bewußt «auf eine Veränderung der Gesellschaft durch Beeinflussung des Lesers» hingearbeitet habe. Er strebte «die Entstehung einer Weltgemeinschaft der Menschheit» an – «gestützt auf ein einheitliches Weltgeld, eine alle umfassende Moral (die religiös begründet sein kann)». Seine Arbeit verstand er immer als «Aufruf» – als Aufforderung, «aus der Vergangenheit zu lernen»[1]. Er wollte sein «Volk der Hirten» zur Besinnung bringen.

Innerhalb der schweizerischen Literatur der dreißiger Jahre erweist sich Jakob Bührer als der bemerkenswerteste politische Gegenspieler des Frontisten Jakob Schaffner. Im Gegensatz zu Schaffner wendet sich Bührer in erster Linie gegen «die vielleicht fragwürdigste Hinterlassenschaft europäischer Geschichte» (Willy Brandt) – gegen den Nationalismus. Die Phrasendrescherei der helvetischen «Volksgenossen», der «Fröntler», ist ihm ein Greuel. Im Roman «Sturm über Stifflis» (1934), in dem er gegen den «Nazifrühling» in der Eidgenossenschaft auftritt, prangert er die «geistige Stumpfheit», die «Herrentümelei» und die politische Indifferenz eines Großteils der Schweizer Bürgerschaft an[2].

Die Bührerschen Figuren zählen zu den diskussionsfreudigsten Romangestalten in der neueren schweizerischen Literatur. Ihre Dialoge zeugen von einem imponierend gradlinigen Demokratie-Empfinden. Bührer hält nichts von einem «Schweizertum», das «zu einem unverantwortlichen Teil auf rhetorischer Überlieferung, leicht veralkoholter Festmeierei und auf Unkenntnis der sozialen und wirtschaftlichen Zustände» beruht. Sein ursprüngliches demokratisches Selbstverständnis zwingt ihn immer wieder zu provozierenden Appellen an die Verantwortungsbereitschaft des einzelnen. So wendet er sich in kritischer Stunde gegen «den Luxus politischer Unabhängigkeit» und Indolenz (in «Was muß geschehen?», 1942): «Wir haben es nicht mehr so gut wie die Alten, wir können keine Götter verantwortlich machen, auch nicht die Natur: denn es ist ja alles da, was wir nötig hätten. Wir können nur *uns selber verantwortlich* machen, und das ist in Tat und Wahrheit der innere geistige Kern dieser sich vollziehenden Weltrevolution: der Durchbruch der Erkenntnis: kein Gott, keine Götter, kein König, kein Diktator, kein Führer, keine Partei ist verantwortlich für das Schicksal der Menschheit, sondern jeder einzelne Mensch. Es geht nicht mehr an, zu singen, wie lyrisch das auch klingen mag: 's ist Krieg, 's ist leider Krieg, / Und ich begehre, / Nicht schuld daran zu sein. – Ob wir es begehren oder nicht, wir sind schuld daran! Der Krieg ist nur eine Fortsetzung der Politik mit andern Mitteln, sagte ungefähr ein bekannter Militär. Weil dem so ist, gibt es keine andere mögliche Gemeinschaftsform als die *Demokratie,* die Verantwortung aller für alle. – Aller für alle! Das heißt aber: die Verantwortung des Demokraten hört nicht auf an den Grenzen seiner engeren Gemeinschaft, seines Vaterlandes, sondern die Verantwortlichkeit erstreckt sich auf das gesamte menschliche Geschlecht.»

Kein Wunder, daß ihm sein ungetrübter «Blick in die Zeit» und vor allem seine satirischen Fußnoten gegen nationalistische Engstirnigkeit und Arroganz nicht nur begeisterte Stimmen einbrachten. Es blieb denn nicht nur Josef Nadler vorbehalten, Bührer jede Fähigkeit zur «Ehrfurcht» abzusprechen! (Nadler: «Jakob Bührer, der Schaffhauser von proletarischer Herkunft und darum [!] für keinerlei Ehrfurcht anfällig...»!) Die Verketzerungen, unter denen der Kosmopolit Bührer nach seinem Beitritt zur SPS zu leiden hatte, scheinen seinem Ansehen noch heute im Wege zu stehen[3].

Er fühlt sich ein Leben lang durch die Beobachtung provoziert, daß die «Menschen in der bäuerlichen Enge geistig erstickten» und daß «Kinder im Sumpf des Proletariats verdarben». Er sah sich der Tatsache gegenüber, daß man «die Verhetzung» verbot, «aber nicht die Voraussetzung dazu: die Not, die Arbeitslosigkeit». Und er drohte angesichts der «fürchterlichen Entdeckung» zu resignieren: «Ah, was hatte ich mich beklagt, daß ich nicht Gelegenheit hatte, die höheren Schulen zu besuchen. Ich sah darin das größte soziale Unrecht unserer Zeit, daß sie die Bildungsmöglichkeiten vom Besitz abhängig macht. Als ich aber mit denen in nähere Berührung kam, die diese Bildungsmöglichkeiten hatten ausnützen können, machte ich die fürchterliche Entdeckung, daß sie nur dazu dienten – soweit nicht die exakten Wissenschaften in Betracht kamen! – um die einfachsten Dinge von der Welt zu vernebeln, verdrehen und verdunkeln, dazu dienten, die Entwicklung der Menschheit zu hemmen, statt zu fördern.»

Das «Prinzip Hoffnung» aber triumphierte. Im Spätwerk «Yolandas Vermächtnis» (1957) vernehmen wir von einem Mann, den der Glaube «an die menschliche Vernunft... zum Kämpfer» gemacht habe. Diese Mitteilung charakterisiert auch den streitbaren Demokraten und Volkserzieher Jakob Bührer. Sein Werk entsprang der Überzeugung, «daß unser Land verloren ist, wenn wir nicht zu einem einigen Europa, zu einem Weltbund kommen». Im Roman «Das letzte Wort» (1935) rügt er die politische Verranntheit der allzu emsigen Scheuklappen-Patrioten: «Wollt Schweizer sein und fühlt nicht, daß es die tiefste und innerste Sehnsucht des Schweizers ist, als Schweizer auch Weltbürger zu sein, daß Schweizerbund und Weltbund ein und derselbe Gedanke ist, dasselbe Erlebnis ist[4].»

---

[1] Seine wichtigste Vergangenheits-Interpretation findet sich im dreibändigen Roman «Im roten Feld» (1938/1944/1951). Er unternimmt hier den Versuch, die Entwicklung der Eidgenossenschaft seit der französischen Revolution bis zur Gründung der Republik durchzuspielen.

[2] Alfred A. Häsler berichtet über die Wirkung des Romans «Sturm über Stifflis»: «Die Geschichte des jungen Maron, des Ausgestoßenen und Rebellen, stimmte, ich hätte ihn auch bei uns lokalisieren können. Die Bauern stimmten, der Gemeindepräsident stimmte. Auch der Doktor Bartoldy und der Direktor Behrmann waren Repräsentanten der Zeit. Das politische Klima, die Auseinandersetzungen waren genau wiedergegeben. Auch die Frontisten, die Bührer in Stifflis auftreten läßt, stimmten – und wie. Ihre Wut über das Buch bestätigte es. In einer Besprechung schrieb Hans A. Wyß am 26. Oktober 1934 in der ‹Front› unter anderem: ‹Bührer begeht mit alledem ein Verbrechen am Volk, das wirklich einmal seine Vergeltung erfahren sollte, damit dieser traurige Vogel weiß, daß das schweizerische Volk sich nicht ungestraft jede Gemeinheit und jeden Dreck bieten läßt.› Bührer hatte also getroffen, was zu treffen war. Stimmten aber auch die Frau Doktorin und ihre Tochter Agninia? Dieser Tage habe ich mir *Sturm über Stifflis* wieder einmal vorgenommen. Wenn ich jetzt auf die Frage, ob Frau Bartoldy und Agninia Repräsentanten ihrer Zeit waren, antworten müßte, würde ich sagen: Sie repräsentieren weder

die damalige noch die heutige Gegenwart... sie sind vielmehr Repräsentanten einer möglichen Zukunft. Sie verkörpern, so meine ich, das, was Ernst Bloch mit dem Prinzip Hoffnung sagen will.»

[3] Anläßlich seines 90. Geburtstags (8. November 1972) fand in der Basler «Komödie» eine große Solidaritätskundgebung für Jakob Bührer statt. Bei dieser Gelegenheit traten die Schriftsteller Walter Matthias Diggelmann, Max Frisch, Alfred A. Häsler, Adolf Muschg und Hansjörg Schneider und der Politiker Willy Spühler für Bührers Ansehen ein. Dieser Großeinsatz trug herzlich wenig zur Rehabilitierung Jakob Bührers bei. Kein Schweizer Verleger scheint sich dazu aufraffen zu können, seine großen Romane neu herauszubringen («Aus Konrad Sulzers Tagebuch», «Man kann nicht», «Kilian», «Im roten Feld» usw.). Über Jahrzehnte hinweg war im Buchhandel kein einziges Buch dieses Autors erhältlich, den Hansjörg Schneider 1972 als den «größten und genauesten Darsteller... gesellschaftlicher Kämpfe» in der Schweiz bezeichnete. In der DDR hingegen sind im Herbst 1973 die ersten beiden Bände des Buchs «Im roten Feld» erschienen...

[4] Der in Basel lebende Schriftsteller und Germanist Dr. Hansjörg Schneider stellte mir wichtige Unterlagen zu Leben und Werk Jakob Bührers zur Verfügung. Ich danke ihm an dieser Stelle für seine Anregungen.

Anwalt der Gestrandeten

J. F. Vuilleumier – ein Überlebender

Er wurde am 1. Dezember 1893 in Basel geboren. In Basel, Genf, Berlin und Zürich absolvierte er das «vom Familienrat geforderte Rechtsstudium». Nach der Promotion zum Dr. iur. spielte sich sein Leben zu einem guten Teil «on the road» ab. Zwölf Jahre verbrachte er in Paris, wo er mit James Joyce, Blaise Cendrars und Aristide Maillol verkehrte; zehn Jahre lang lebte er in New York. Freiwillig hielt er sich als Sträfling in amerikanischen Zuchthäusern auf, um einen unmittelbaren Einblick in die Psyche gescheiterter Menschen zu bekommen. Heute lebt er wieder in Basel.

Er trägt einen englischen Vornamen und einen französischen Nachnamen: John F. Vuilleumier. Diese Tatsache stand seinem Ansehen in der literarischen Welt stets etwas im Wege. Wer vermutet hinter dem Namen J. F. Vuilleumier einen deutschsprachigen, einen deutschschreibenden Autor? Seine Arbeiten wurden von der deutschschweizerischen Literaturkritik denn auch nie so ganz ernst genommen. Im deutschsprachigen Ausland ist der Autor Vuilleumier bis auf den heutigen Tag nicht «vorhanden».

Vuilleumier mag uns heute wie ein lebendig Begrabener erscheinen. Er teilt damit das Schicksal der meisten «überlebenden» Schweizer Autoren der Robert-Walser- und Friedrich-Glauser-Generation – das Schicksal Traugott Vogels (Jahrgang 1894), Konrad Bänningers (1890), Hans Albrecht Mosers (1882) oder Rudolf Jakob Humms (1895). Diese «übriggebliebenen» Protagonisten der «alten» Schweizer Literatur kamen bis heute nicht in den Genuß der Sympathie, die ihren verstorbenen Zeitgenossen Walser, Glauser oder Morgenthaler unversehens zuteil wurde. Nur eine winzige Lesergemeinde scheint noch etwas von ihnen zu erwarten. Sie stehen vollkommen im Schatten ihrer jungen Kollegen. Außer Hans Albrecht Moser kann keiner dieser «Abgeschriebenen» auf die Gunst eines Verlegers zählen. Ihre Bücher scheinen unweigerlich im Ramsch zu landen. Es wäre gewiß falsch, ihre künstlerischen Verdienste über Gebühr herauszustreichen. Mit unangebrachten Lobeshymnen

würde man ihnen einen Bärendienst erweisen. Wir können aber doch nicht achtlos an ihnen vorübergehen, wenn wir uns wirklich glaubhaft um eine gründliche Rehabilitation der zu lange mißachteten unbequemen Außenseiter in der schweizerischen Literatur der ersten Jahrhunderthälfte bemühen wollen.
J. F. Vuilleumier vollends ist die Personifikation eines literarischen «Outsiders». Er selber bezeichnet sich als einen «Loner» – als einen Menschen, dessen dringlichster Wunsch es ist, in Ruhe gelassen zu werden. Er denkt nicht daran, um die Anerkennung der Gesellschaft zu buhlen. Dieser Abenteurer kennt zwar Glausers «Sehnsucht nach Ordnung» (Dieter Bachmann); Glausers Verlangen nach einem «Insider»-Dasein aber ist ihm fremd. Er hat sich den Leitsatz einer Pariser Marktfrau zu eigen gemacht: «Si vous en voulez, prenez-en, si vous n'en voulez pas, foûtez le camp...»
Wer diesem Autor persönlich begegnet, wird freilich einige Mühe haben, ihm sein Bekenntnis zum «Außerhalb» zu glauben. Der Schriftsteller Vuilleumier, der sich von der bürgerlichen Welt auf so radikale Weise abgesetzt hat, tritt uns im Alltag mit fast verwirrend noblem, ja fast befremdend «bürgerlichem» Gehaben entgegen. Die peinliche Sorgfalt, die den Haushalt und das Auftreten dieses Junggesellen kennzeichnet, scheint sich nur schlecht in sein turbulentes Leben einzufügen. «Schriftsteller sehen, gottseidank, nicht immer wie Schriftsteller aus», bemerkt auch Hans R. Linder in einem Artikel zu Vuilleumiers 70. Geburtstag (in «National-Zeitung» Nr. 556 vom 1. Dezember 1963). Linder versucht Vuilleumiers Person einzukreisen: «Der weitgereiste und welterfahrene Jurassier aus Basel, der ebenso selbstverständlich französisch und amerikanisch spricht wie baseldeutsch... gehört zu den originellsten Gestalten unter den heutigen Schriftstellern unseres Landes. Nicht in dem oberflächlichen, etwas spöttischen Sinn von ‹originell›, mit dem man einen ‹Kauz› bezeichnet. Das ist er nicht, und ebensowenig träfe auf ihn die landläufige Vorstellung von einem ‹Bohémien› zu, denn im Gegensatz zu diesem gibt Vuilleumier so wenig auf äußere Form und Konvention, daß er es sich leisten kann, sie nicht zu verwerfen. Wenn man ihn durch die Straßen gehen sieht, wie er sich gewandt und energisch auf seinen massiven Stock stützt (sein gelähmtes Bein ist ihm mehr ärgerlich als Anlaß zu Klagen), den steifrandigen Hut auf dem

Kopf, die schwarzen Schuhe glänzend gewichst, oder wenn er einem im Gespräch gegenübersitzt, das gesundfarbige rundliche Gesicht tadellos rasiert, davor die blitzende, unaufdringlich markante Brille nicht des Bluffers, sondern des soliden Kopfarbeiters, darüber das schon ins Weiße gehende Haar noch dicht, aber in gepflegtem jugendlichem Kurzschnitt, so geht von ihm ein Eindruck weltmännischer Überlegenheit und ganz selbstverständlicher bürgerlicher Kultiviertheit aus. Aber dann blitzen hinter den Brillengläsern zwei Augen auf, die den braven bürgerlichen Rahmen sogleich vergessen lassen.»

«Weltmännische Überlegenheit» und «bürgerliche Kultiviertheit». – Es scheint fast, daß sich der Antibürger Vuilleumier diese Eigenschaften zugelegt hat, um sich der Glauserschen Welt der Unordnung zu entziehen. Diese Eigenschaften scheinen ihn (paradoxerweise) auch gegen die beengende bürgerliche Umgebung abzuschirmen. Durch die Flucht in «weltmännische Überlegenheit» und «bürgerliche Kultiviertheit» scheint er selber dem Schicksal entgangen zu sein, das viele seiner stachligen Romanfiguren teilen – dem totalen Abseits. Den Abseitigen, den «Outlaws» gilt sein Interesse, seine Sympathie. Der Jurist Vuilleumier kümmert sich «um den Gewohnheitsverbrecher, um den Berufsverbrecher, um den Verbrecher, also um einen Menschen». «Ich komme näher und näher an die Welt heran, die ich suche», schreibt er in seinem Bericht «Sträfling Nummer 9669» (1956). «Ich komme mehr und mehr mit diesen Menschen zusammen, die mir noch fremd sind, die ich dennoch kennen und mit der Zeit verstehen lernen muß. Ich lese ihre Akten, ihre Strafurteile, sehe sie selbst, rede mit ihnen, höre ihnen zu.»

Der Mensch, das Individuum war für Vuilleumier schon immer «die Konstante durch alle Jahrtausende hindurch». So berichtet er in einem Referat zum Thema «Der Schriftsteller und seine Zeit» (1964): «Was ich selber zu erreichen suche, ist und bleibt die schwierige Aufgabe, den Menschen zu verstehen, Menschen zu gestalten, welche leben und von den andern ebenso verstanden werden wie von mir, auch wenn sie vielleicht in scheinbar fremdartigen Verhältnissen scheinbar unverständlich handelten. Der Mensch steht für mich im Mittelpunkt meiner Arbeit... Nicht die Hauptprobleme ändern sich beim Menschen, die sein Leben, sein Glück, seine Zukunft bestimmen, sondern die Möglichkeiten, die Hauptprobleme zu lösen. Die Hauptprobleme als solche jedoch bleiben konstant. Sie sind die eigentlichen Probleme des Menschen wie Liebe, Haß, Ehrgeiz, Grausamkeit, Herrschsucht, Gewalt, Tod, die Frage nach einem Jenseits, die Frage des Auseinandergehens, der Zusammengehörigkeit.»

Vuilleumier schreckte immer ein wenig davor zurück, sich als Literaten oder gar als Dichter zu betrachten. Dieser Freund von Aristide Maillol verstand sich selbst stets als «Bildhauer», als Meißler. Seine Arbeitsweise läßt sich denn auch eher mit den Formbemühungen eines Bildners als mit den Schreibgewohnheiten eines Erzählers vergleichen. Der Leser könnte zwar versucht sein, ihn auf Anhieb als einen «richtigen» Geschichtenerzähler der alten Schule einzustufen. Seine Bücher tragen in inhaltlicher und sprachlicher Beziehung gewiß typische Unterhaltungsroman-Züge.

So beginnt der Roman «Muramur» (1951) mit den recht «konventionellen» Bemerkungen: «Jedesmal wenn Kapitän Pierre Cornet auf seine Frau Kitty zu sprechen kam, tat er es mit einem Ton, daß man glaubte, der alte, weitgereiste Seebär fürchte seine Gemahlin, ‹das Weib›, wie ein fremdes Kriegsschiff.» Und nach wenigen Sätzen schon gerät der Autor so richtig ins Erzählen: «Als der schwer verletzte Capitaine Pierre Cornet nach langer Bewußtlosigkeit zaghafte Versuche unternahm, zu erkennen, wo er sich befand, wurde es ihm seltsam zu Mute. Nach Wochen einer alles erdrückenden, schmerzenden, totalen Finsternis fragte er sich unsicher, ob er überhaupt noch am Leben sei oder ob ihn der verfluchte Deutsche damals im Südatlantischen prompt ins Jenseits befördert habe?»

Noch «unterhaltungsliterarischer» nimmt sich etwa der Anfang des Romans «Irving Potter» (1946) aus: «Ein kalter Wind fuhr über die endlose Promenade am Meer. Wolken hingen tief. Ein feuchter Regen rieselte. Lucy Bendix zog fröstelnd die schmalen Schultern zusammen. Hier würde sie sich bestimmt nicht über zu viele Gäste zu beklagen haben. Tote Saison in Atlantic City, das die New Yorker um diese Jahreszeit mieden, dem an Sonntagen höchstens einiges junge Volk aus Philadelphia etwas Leben schenkte.»

Es wäre unergiebig, J. F. Vuilleumiers Bücher ausschließlich nach erzähltechnischen Kriterien zu interpretieren. Die erzäh-

lerische Komponente in seinen Romanen ist letzten Endes von
sekundärer Bedeutung. Der Bildner Vuilleumier ist primär ein
Menschengestalter, ein Porträtist. Es geht ihm darum, «Menschen zu schaffen, die wirklich sind, die in ihren Hauptkonflik-
ten... so sind wie wir». Zu diesem Zwecke scheint er sich vollkommen in den Dienst seiner Figuren zu stellen. Diese Dienst-
bereitschaft reicht zuweilen bis zur Selbstaufgabe, bis zur
Selbstverleugnung des Erzählers.

Hans R. Linder hat als einer der ersten Literaturkritiker mit
Nachdruck auf die wichtige Rolle hingewiesen, die «das roman-
tisch-okkulte Element der übersinnlichen Kommunikation» in
Vuilleumiers Werk spielt: «Dazu gehört auch das Motiv der
mehrfachen Identität, und zwar nicht nur innerhalb einer er-
dichteten Personenwelt, sondern auch in der Beziehung des
Autors zu seinen Figuren. Damit meine ich nicht die Projektion
allfälliger autobiographischer Elemente, sondern eine Art von
seelischer Identifikation, die über Zeit und Raum hinweg die
Grenze zwischen dem Erzähler und seinem Gegenstand ver-
wischt und geradezu mit der Vorstellung einer ‹Seelenwande-
rung› in Verbindung gebracht werden kann.»

Die Beziehung dieses Autors zu seinen Modellen ist tatsächlich
von frappierender Intimität. Er ist unentwegt bemüht, sich der
Identität seiner Figuren zu bemächtigen. Dabei sieht er sich
veranlaßt, seine eigene Identität stets wieder in Frage zu stellen.
«Wo ist die Grenze, die Pierre und mich voneinander scheidet?»
fragt er im Roman «Muramur». Und am Anfang seines dichte-
sten Buches «Jeder Zoll ein König» (1960) stehen die Sätze:
«Daß mich das Bild ununterbrochen verfolgt! Als ob ich die
Szene selbst erlebt hätte! Ich kann sie gar nicht selbst erlebt
haben. Sie hat sich um 1845 herum abgespielt. Sie hat sich in den
Vereinigten Staaten abgespielt. Dennoch verfolgt sie mich und
ist so deutlich und klar wie ein Traumbild, das selbst erlebt
bleibt; wie eine wirkliche Landschaft, die ich zum ersten Mal
sehe und die mir doch längst bekannt vorkommt. Als ob ich sie
im Traum gesehen hätte – oder in einem früheren Leben... Ich
sehe die Szene. Ich sehe den Knaben an der offenen Türe stehen.
Ich sehe den Knaben, und ich weiß, daß ich der Knabe bin. Ich
sehe ihn handeln, und ich weiß, daß ich handle. Ich sehe ihn erleben und leiden – und weiß, daß ich es erlebe, daß ich leide. Ich
sehe seinen Vater und weiß, daß es mein Vater ist. Ich bin Zu-

schauer der Szene, von ihr durch eine unsichtbare Wand getrennt. Ich bin diesseits. Die Szene ist jenseits. Und ich bin gleichzeitig jenseits, bin Teil der Szene.»

Vuilleumier übernimmt gleichsam die Verantwortung für das Verhalten seiner Figuren. Er ist das Gegenteil eines allmächtigen Erzählers, das Gegenteil eines Romanautors, der auf Kosten seiner zu Marionetten degradierten Figuren lebt. Vuilleumier scheint sich nachgerade der Handlungsweise und den Launen seiner Figuren anzupassen. Er ist im Grunde ein ausgesprochen naiver, ein ausgesprochen kindlicher Schriftsteller. Seine konstruktive schöpferische Naivität verleiht seinen Schilderungen und Porträts eine spröde «Selbstverständlichkeit», die von vornherein jede falsche Bedeutungsschwere ausschließt.

Schreiben scheint für diesen Autor ein elementarer menschlicher Akt zu sein. «Ach, warum weiterschreiben», fragt er sich in der Erzählung «Tropische Rhapsodie» (1954). «Es geschieht unter demselben Zwang, demselben Nicht-anders-Können, das damals schon alle meine Tage bestimmte und das mich immer wieder Dinge tun läßt, die ich gar nicht tun will...» Die Bücher, die ihre Existenz diesem Schreibzwang, diesem Nicht-anders-Können verdanken, sind alles andere als Zeugnisse «unsterblicher» Literatur. J. F. Vuilleumier, der in jungen Jahren als Zeitungskorrespondent arbeitete, behandelt auch in den meisten Novellen und Romanen tagespolitische Ereignisse. Er selbst bezeichnet seine erzählerischen Arbeiten als Tatsachenberichte. Er schreibt «für den Tag»; seine fiebrige Spontaneität und seine künstlerische Unvoreingenommenheit aber heben seine Reportagen aus dem Leben abseitiger Menschen über die Tagesgebundenheit hinaus.

Im unscheinbaren Alltags-Detail spiegeln sich letztlich epochale Zusammenhänge. Das Schicksal des scheiternden und gescheiterten Menschen, des «Verbrechers», läßt verbindliche Rückschlüsse auf die verfehlte Konzeption einer hinfälligen Gesellschaftsordnung zu. Vuilleumier plädiert für eine grundlegende Revision unseres Verhältnisses zu gestrauchelten und deklassierten Individuen. Er ist einer der ersten Schweizer Juristen, die sich für eine Reform unserer Strafvollzugsordnung einsetzten (in «Wir alle», 1920; «In falschen Händen», 1921). Im Bericht über seine «freiwillige Zuchthauszeit in Amerika» steht der Abschnitt: «Wir verstehen uns rasch, die andern und ich.

Ich weiß nicht warum. Es ist einfach so. Hier beim ersten Mal
bin ich noch scheu, erstaunt, ängstlich und doch von einer
eigenartigen Freude erfüllt: die Welt hinter Gittern weist mich
nicht ab, die Menschen dieser Welt schieben mich nicht von
sich.»
Für diese «Welt hinter Gittern» fordert er Verständnis – für
eine Welt also, die in der schweizerischen Literatur der ersten
Jahrhunderthälfte eine fast erschreckend grosse Rolle spielt.
Mit seinem gradlinigen Engagement handelte er sich in seiner
Heimat allerdings herzlich wenig Popularität ein. Dieser Anwalt der Entgleisten teilt das Los der von ihm geliebten Quer-
treiber: «Heute denke ich an die Ferne und denke an heim»,
schreibt er im «Schlüssel»-Buch «Muramur». «Einmal werde
ich auch wieder heimkehren, obwohl es gerade mein Schicksal
ist, daß ich mir in der Heimat ‹heimatlos› vorkomme, daß ich
‹daheim› das härteste Heimweh habe.»

Der Individualanarchist
Alexander Xaver Gwerder

Der aus der Innerschweiz stammende Alexander Xaver Gwerder ist nach seinem Freitod (1952 in Arles) zum Inbegriff des tragischen jungen Schweizer Autors geworden, zum «tragischen Held der jungen Dichtergeneration» (Heinz Weder). Nach der Publikation der Nachlaß-Bücher «Maschenriß» (1957) und «Land über Dächer» (1959) galt Gwerder auch als die Personifikation des «zornigen jungen Mannes» in der Schweizer Literatur nach 1945. Heute repräsentiert er die junge, die moderne schweizerische Lyrik der frühen fünfziger Jahre. Die Mutmaßungen über seine Identität und seinen frühen Tod verliehen ihm nach und nach ein fast legendäres Ansehen.
Über seine Existenz teilte er im Sommer 1951 seiner Basler Brieffreundin Erica Maria Dürrenberger mit:
«Geboren 1923 in Thalwil. Volksschule in Wädenswil und Rüschlikon. Berufslehre wider Willen in Zürich (Offsetkopist). R.S. in Kloten (der große Schock meines Lebens), dann wohnhaft in Riehen b. Basel, verheiratet mit der Sekr. eines Rechtsanwaltes, 1945 nach Zürich. Zwei Kinder. Der Herr Sohn geht seit Frühjahr zur Schule.
Auslandreisen: Süddeutschland. Erste schauerliche Verse 1935 – 1940 kitschige Liebesgedichte – ab 1943 bewußt gearbeitet. Erste Veröffentlichung Juli 1949 (Tat). Vor kurzem in Landau (Rheinpfalz) erschien ein Heft ‹signaturen, blätter für grafik und dichtung›, das ich zusammen mit dem süddeutschen Maler Rudolf Scharpf belegte. Vermutlich noch in diesem Jahr sollen etwa 30 Gedichte im Magnus Verlag herauskommen. Oktober oder November wird die Neue Schweizer Rundschau zwei, drei abdrucken.»
Zu seinen Lebzeiten riß sich kein Verleger und kein Feuilletonredaktor um seine Arbeiten. Das ist nicht verwunderlich. Denn Gwerder tat herzlich wenig für sein gesellschaftliches und künstlerisches Prestige. Er haßte die Schweiz, das «Land der Vetteln und Vettern». Er lieferte zahllose Abrechnungen mit den Repräsentanten des Staates, des Militärs, des Literaturbetriebs: «Wollen wir indessen klar und ohne Umschweife mit

‹Pflicht› und ‹Notwendigkeit› und dem ganzen Bramarbas der Pfahlbürger hören, wie es wirklich mit und um uns steht – ich meine mit und um uns als Menschen, nicht als Nation –, so finden wir hierzulande mehr Steine als Brot, will sagen: mehr Schrebergartengeflüster, garniert mit Vergißmeinnicht, als Mut zum eigenen und somit ehrlichen Ausdruck.»

In unseren Tagen mögen Gwerders Tiraden gegen die helvetische «Feierabendflöterei» recht harmlos anmuten. Zu Beginn der fünfziger Jahre war seine Kritik an Staat und Gesellschaft aber von einzigartiger Intensität und Konsequenz. Gwerder ist die Verkörperung des von Karl Schmid beschriebenen «Unbehagens im Kleinstaat» und des an der von Paul Nizon beschworenen schweizerischen «Enge» verzweifelten Künstlers. Diese Enge hatte sich in den Kriegsjahren, unmittelbar nach 1945 und schließlich in der Zeit des Kalten Krieges verdichtet. Ein eigenbrötlerischer und stachliger Autor wie Gwerder lebte gerade in diesen Jahren in einer heillosen Absorption.

Die Voraussetzungen, unter denen er existierte und arbeitete, erinnern an die Lebens- und Arbeitsbedingungen, denen sein verehrter Zürcher Landsmann Albin Zollinger (1895–1941) unterstand. Zollinger hatte das Gefühl, «in Watte zu sprechen». Auch Gwerder kannte diese Situation. Die Hektik, mit der er sich darum bemühte, zur Kenntnis genommen und akzeptiert zu werden, verhinderte jede sprachliche Vollendung, jede formale Rundheit. Diese Tatsache vollends verbindet ihn mit Albin Zollinger, dessen Prosabücher man nachgerade als Meisterwerke «unvollkommener» Literatur bezeichnen könnte. Man mag sich bei der Lektüre von Zollingers und Gwerders Arbeiten bisweilen bei der müssigen Frage ertappen, was aus diesen genialischen Typen geworden wäre, wenn sie unter «ruhigeren» Vorzeichen hätten arbeiten können...

In diesem Zusammenhang präzisiert Max Frisch, daß «Albin Zollinger, der Schweizer, durch eine geschichtliche Situation um seine schöpferische Entfaltung, die Voraussetzung eines frühen oder späten Ruhmes, beraubt worden» sei. In seinem «Nachruf auf Albin Zollinger, den Dichter und Landsmann, nach zwanzig Jahren» schreibt Frisch: «Albin Zollinger erscheint uns als ein Opfer. Sein Talent und sein Temperament, versetzt in eine andere Zeit, würden andere Werke hervorbringen, ich glaube, ruhmfähige. Das ist eine schmerzliche Einsicht, und es wäre verkehrt, die Schweiz dafür anzuklagen; wie es anderseits verkehrt wäre, den Mangel nur bei Zollinger zu sehen. Vielleicht lieben wir ihn nicht zuletzt darum, weil wir seinen Mangel als familiär empfinden. Die schweizerische Literatur (ich meine den Beitrag zur Literatur, der von schweizerischen Staatsbürgern stammt) aus dem Provinzialismus herauszuführen, war Albin Zollinger nicht vergönnt. Das ist die Tatsache, mit der wir uns abzufinden haben. Die Schweiz befand sich im Zustand der sogenannten ‹geistigen Landesverteidigung›. Gefragt war nicht der Dichter, sondern der Schweizerdichter (so geschrieben) und somit etwas, was es nicht geben kann. Zollinger wehrte sich dagegen; aber die geschichtliche Situation, gegen die er sich zu wehren hatte, prägte auch ihn. Vielleicht muß man selber geschrieben haben, um an Hand damaliger Texte zu erkennen, wie unfrei uns der notwendige Kampf um die Freiheit machte. Das ist erschreckend. Angewiesen auf eine Leserschaft, die nur auf Dichtung erpicht war, soweit sie der geistigen Landesverteidigung diente, ein freundlicher Verleger mit beschränkter Wirkungsmöglichkeit, zwei oder drei treue Freunde, die in die gleichen Verhältnisse verstrickt waren wie er, ein paar junge Verehrer, die zwar die Kraft seiner Begabung sahen, aber auch keine Welt heranbrachten, und dazu die bürgerliche Presse, die ihn auf die Würde der ‹reinen› Dichtung verwies... Ich spreche nicht gegen die geistige Landesverteidigung jener Jahre; sie war unumgänglich. Aber wir müssen uns an die Wirklichkeit erinnern, nicht nur um Albin Zollinger gerecht zu werden, sollte er uns heute enttäuschen, sondern um den Wert zu erkennen, den sein Werk, wenigstens für uns, hat; es ist ein Schweizerspiegel... Albin Zollinger war in der Lage eines Emigranten, ohne aber einer zu sein; die Emigranten hatten ein andres Hinterland, wenn auch zur Zeit ein verlorenes, Berlin oder Wien oder Prag, die Schweiz war für sie nur eine Station, nicht ein Maßstab. Albin Zollinger hatte kein anderes Hinterland als das Land, wo er lebte, und dieses erwies sich als zu klein, um ein produktiver Raum zu sein in sich selbst, zu lange schon geschichtslos, um ein wirkliches Abbild der Welt zu liefern. Albin Zollinger lesend nach zwanzig Jahren, von heute aus, wo auch die Schweiz durch die offenen Grenzen wieder etwas anderes ist, können wir uns des schmerzlichen Eindrucks nicht erwehren: Er hat sich kleiner

gemacht, um eine Umwelt zu haben, die Umwelt, die damals als einzige zur Verfügung stand. Seine schöne Wildheit, da sie nicht auf Welthaltiges stößt; sondern auf eine Aussparung der Geschichte, wird skurril; seine Leidenschaft deformiert sich auf Lokales, und er versucht, um durch Vision zu entkommen, aus dem Bachtel einen Vesuv zu machen. Ein Dörflein namens Pfyn (ad fines) muß ihm das römische Weltreich einbringen.»
Ich habe diesen Abschnitt aus Max Frischs Nachruf zitiert, weil er wesentliche Hinweise auch auf den Standort Alexander Xaver Gwerders enthält. Ein Nachruf auf Alexander Xaver Gwerder «nach zwanzig Jahren» könnte einen ähnlichen Wortlaut haben wie Frischs Nachruf auf Zollinger. Zollingers Situation im Zürich des Jahres 1940 unterscheidet sich kaum von Gwerders Situation im Zürich des Jahres 1950. Auch Gwerder wurde aus politischen, aus geschichtlichen Gründen um seine schöpferische Entfaltung gebracht. Auch die Mängel in Gwerders Gedichten und Prosastücken empfinden wir beinahe als «familiär», als exemplarisch. Die Spekulationen darüber, ob Gwerder, «versetzt in eine andere Zeit», andere Werke hervorgebracht hätte, scheinen mir müssig zu sein. Ob er «in einer anderen Zeit» überhaupt geschrieben hätte? Ist ein so überschäumendes politisches Temperament wie Gwerder als gesitteter Verfasser «ruhmfähiger» Bücher denkbar?
Auch Gwerder ist es nicht gelungen, die schweizerische Literatur aus dem Provinzialismus herauszuführen. Seine Versuche, aus der helvetischen Enge auszubrechen, scheiterten an seiner menschlichen und poetischen Unkonzilianz, an seiner fast krankhaften Subjektivität. Seine verbissenen Ausbruchsversuche bewirkten letztlich, daß er sich immer tiefer im Provinzialismus verstrickte. Seine Fluchtpläne nahmen immer radikalere Konturen an. Wie Albin Zollinger war auch Alexander Xaver Gwerder «in der Lage eines Emigranten, ohne aber einer zu sein». Er suchte nach einem anderen «Hinterland», wollte nach Südamerika oder in die van Goghsche Provence auswandern. Das Verantwortungsgefühl seiner Familie gegenüber aber behielt stets die Oberhand. (Seine einzige größere Reise war die Reise nach Arles, die er einen Tag vor seinem Tod antrat.) Er lebte mit Post- und Ansichtskarten aus fernen Ländern zusammen. Seine Isolation erwähnt er in einem Brief vom Oktober 1951: «Ich bin so arm daran, daß mir nichts anderes

übrigbleibt, als im Michelin-Führer... bei Worten zu verweilen, die mit jener Gegend [Provence] geladen sind.» Er faßte Besuche bei seinen deutschen Brieffreunden ins Auge – bei Karl Krolow, bei Heinz-Winfried Sabais, Oda Schaefer, Rudolf Scharpf und K. F. Ertel. Seine finanzielle Not vereitelte alle seine Pläne. Gwerder freilich schob die Schuld am Scheitern seiner Vorhaben immer der «Fallenstellerin Helvetia» zu. Im Grunde versuchte er aber auch allen Begegnungen, die «selten oder imaginär» waren, aus dem Weg zu gehen. Die meisten Konfrontationen mit verehrten Menschen und Idealen waren für ihn enttäuschend, ernüchternd. Eigentlich bin ich nur ein verhinderter Durchbrenner, ein Rimbaud dritter Güte», klagt er im November 1951. «Da schneien einem die Götter Gelegenheiten ins Haar –, und man setzt sich säuberlich in die Ofenecke, bis alle zu ungesalzenen Tränen schmelzen. Meine Sehnsucht galt immer der Abwesenheit eines Ideals, in Entfernungen, die ich nicht kannte und daher meistens überschätzte.» Er ist sich bewußt, daß er «eigentlich nie ganz in der Realität lebte»; und stets wieder überfällt ihn die Vermutung, «diese unsere Wirklichkeit sei gar nicht wirklich». Im September 1951 schrieb er an Erica Maria Dürrenberger: «Kurz: hinter allen Dingen, Ereignissen steht ständig ein Spiegel, der aber nicht ihre Kehrseite, sondern ein gleichwertiges, ganz anderes Ding oder Ereignis enthält – und mir zuwirft...» Er kommt sich «etwa vor wie ein Verbannter – in was für aschgraue Gefilde – ohne indessen am Ursprungsland Zweifel zu hegen». In diesen Geständnissen spiegelt sich sein heilloses Mißverhältnis zum normierten Alltag, zur «dunklen Grube blinder Tagwerkerei», zur eigenen Identität wider. Um das Zerwürfnis mit seiner Umgebung ertragen zu können, flüchtete sich Gwerder immer wieder ins «Vorland des Jenseits», nach «Kimmerien oder Lemurien, wo Larven, Nebel, still wehender Schnee die einzige Wirklichkeit sind» (R. J. Humm). Wie Albin Zollinger versucht er «durch Vision zu entkommen». Der Gaurisankar, die Beteigeuze oder das «versunkene, ertrunkene, betrunkene, ja besoffene» Atlantis waren für ihn Inbegriffe jenseitiger Wirklichkeit. In seinen «hellsten Stunden» ist er gewiß, ein «Bruchstück eines reineren Einst» zu sein. Er ist «froh, hin und wieder zu fliegen». So berichtet er im Prosastück «Tag und Traum»: «Aber die Kräfte, die ich über den Weg meiner Gefühle zu Hilfe rief, um den Blick vorzutreiben ins Unendliche, waren stärker als jene des Verstandes. Und so geschah es, daß ich, von den Wellen meiner Sehnsucht getragen, Gesicht zu Gesicht vor den Orion zu schweben kam und mich in seine liebliche Sonne, den Schulterstern, verliebte. Worüber – ich erinnere mich genau – der neckische Schwarm der Plejaden kicherte und lachte; auch ein Kentaur wieherte irgendwo in blauen Nebelwäldern, und hinter der nahen Insel brummte vergnügt der Große Bär. Mein Schicksal wollte es jedoch, daß ich mich damit nicht zufrieden geben konnte: Es wehte plötzlich kühl von Sonnenaufgang her – der Seespiegel zog sich in tausend krause Fältchen, die Sterne flogen alle auf – und den Blick erhebend, gewahrte ich sie wieder an den Enden ihrer Strahlen stehend, unbeweglich fern und fremd. Die Enttäuschung war groß, und deutlich spürte ich die gewaltsame Wirklichkeit der Materie...»

Die Spannung zwischen einem wachen politischen Selbstverständnis und dem unablässigen Versuch, der «gewaltsamen Wirklichkeit der Materie» zu entgehen, kennzeichnet das Schaffen Alexander Xaver Gwerders. Gwerder ist der neben Max Frisch resoluteste Identitätssucher in der schweizerischen Literatur nach 1945. Die Suche nach der eigenen Identität ist in den fünfziger und sechziger Jahren des 20. Jahrhunderts beinahe zu einem Kennzeichen «schweizerischer» Prosawerke geworden. Die Identitätsfrage bestimmt auch die Bücher jüngster Schweizer Autoren, die Erzählungen und Romane von Beat Brechbühl («Kneuß», 1970) oder Jürg Acklin («Alias», 1971).

«Was treiben wir eigentlich?» Der simple Satz liegt allen Arbeiten Gwerders zugrunde. Nie zuvor wurde in der schweizerischen Literatur diese Urfrage mit einer so elementaren Naivität «verfolgt» und ausgelotet wie in Gwerders Prosatexten und in seinem Kaffeehaustisch-Gespräch «Maschenriß», in dem der Existenzzweifel in Selbstverleugnung mündet: «Er strich sich selber durch wie einen mißratenen Satz – gab sich eine Hieroglyphe – und lebte von nun an: nicht mehr zu entziffern!»

Vor dieser Absage an die Außenwelt unternahm er zahllose Versuche, sich über die Grenzen seiner physischen, psychischen und geistigen Kräfte klar zu werden. Er manövrierte sich mit gewagter Folgerichtigkeit in furchterregende Grenzsituationen: «... es schnürt sich der ganze Körper zusammen wie ein hartes dumpfes Paket. Die verbleibende Wahrnehmungsfähigkeit muß mit einem scheinbar riesigen Willen erzwungen werden. Dann setzt ein alles erfüllendes Rauschen ein. An diesem Punkt, wo ich vermeine überspült und ausgelöscht zu werden, zwinge ich mich zu Bewegungen des Kopfes und des Kehlkopfes –, ich glaube aber, daß sich weder der Kopf noch die Stimme rührt – und konstatiere, gänzlich unbewußt (?), daß von einem Punkt aus, vermutlich dem Schwergewichtspunkt, blitzartig Funken nach jeder Stelle der Außenhaut zucken, um im darauffolgenden Intervall nach der Gegend des Halsansatzes zurückzublitzen (wie mit der Nachricht, es sei dort nichts mehr zu holen), worauf die Atemluft bedenklich gedrosselt wird. Gleichzeitig setzen anschwellende Sirenen in den Ohren ein. Das ist dann meistens das Äußerste dieses Schabernacks, denn dann ringt mir der vegetative Lebenswille, der sich bedroht fühlt, wer weiß?, mit ungeahnter Mächtigkeit jene Bewegungen des Kopfes und des Kehlkopfes ab, und ich erwache, spüre, wie alles nachläßt – mit seltsam aufgequollenem Hirn.»

Bei der Lektüre seiner Briefe und seiner literarischen Arbeiten fällt auf, mit welcher Verbissenheit sich der schwerblütige Gwerder um poetische und persönliche Leichtigkeit bemühte. Seine Sympathie gilt unscheinbaren Natur- und Landschafts-Details. So setzt er sich mit der «Präzision des Möwenfluges» auseinander, dem er «einen Augenblick Wirklichkeit, ein Stück Jetzt» zu entnehmen hofft; ja er kann sich «immerhin vorstellen, daß auch die Möwe sich als Mittelpunkt, als zentrales Wesen des Weltalls spürte und in diesem Sinne Anteil an vollkommeneren Empfindungen besäße, die sie damit weitergäbe an unbekannte Bewunderer, an uns». Er konzentriert sich auf den «Rauch einer kurzen Viertelstunde, herrührend aus dem so fruchtbaren Brande der Zigarette».

In solchen «Nebensächlichkeiten» offenbart sich ihm die «Sekunde des Schönen» – komprimierte, rauschhafte «Realität», Leichtigkeit. Doch gerade diese verdichtete «Wirklichkeit» verunsichert und verängstigt ihn zusehends. In meinem Aufsatz über Jakob Schaffner habe ich schon feststellen können, daß die begabtesten Schweizer Autoren unseres Jahrhunderts fast ausnahmslos Detaillisten sind. Vollends Alexander Xaver Gwerder zählt zur Kategorie der literarischen Kleinmaler. Allein das unter ein Vergrößerungsglas gehaltene Detail, der Ausschnitt scheint ihn zu interessieren. So findet sich in seinem Werk ein

Prosastück, die Skizze «Bitterer Ausschnitt», die man als Ausgangspunkt für die neuere «Detail-Literatur» in der Schweiz deuten könnte. Dieser Essay enthält vielleicht die wesentlichsten Hinweise auf die Eigenart der engen Gwerderschen Welt und auf den Standort des ausbruchssüchtigen Träumers Gwerder, der sich auf «Beiläufiges», auf «Alltägliches» spezialisiert. Dieses «Beiläufige» und «Alltägliche» betrachtet er durch ein Fernglas; in der Vergrößerung erhält es faxenhaft-erschreckende Züge: «Ich schaue hinein. Ausschnitt. Klar, es muß ein Ausschnitt sein; wenn ich mehr erwarte, bin ich selber schuld an der Enttäuschung. Also, Ausschnitt: Wiesenweg, ein Obstbaum, kein Haus, zwei Männer mit Spazierstöcken, von links einer, von rechts einer, ziehen einander zu. Noch fehlen zwei Meter, da zieht jeder seinen Hut, hält ihn ausschwingend vor sich hin und zurück auf den Kopf. Zum Glück, einer nickt noch! Scheint der Untergebene zu sein. Es wäre sonst zu symmetrisch und reicht so schon aus, um das Marionette der spazierenden Bürgerlichkeit wie etwas Totes durch das Auge eindringen zu spüren. Weiter!»
In Robert Musils Erzählung «Triëdere» (1936) steht eine Passage, die man als Kommentar zu Gwerders Beobachtungsweise heranziehen könnte: «Man sieht die Dinge immer mitsamt ihrer Umgebung und hält sie gewohnheitsmäßig für das, was sie darin bedeuten. Treten sie aber einmal heraus, so sind sie unverständlich und schrecklich, wie es der erste Tag nach der Weltschöpfung gewesen sein mag, ehe sich die Erscheinungen aneinander und an uns gewöhnt hatten. So wird auch in der glashellen Einsamkeit alles deutlicher und größer, aber vor allem wird es ursprünglicher und dämonischer. Ein Hut, der eine männliche Gestalt nach schöner Sitte krönt, eins mit dem Ganzen des Mannes von Welt und Macht, durchaus ein nervöses Gebilde, ein Körper-, ja sogar ein Seelenteil, entartet augenblicklich zu etwas Wahnsinn-ähnlichem, wenn das Triëder seine romantischen Beziehungen zur Umwelt unterbindet und die richtigen optischen herstellt... Und wie beängstigend wird das Zähnefletschen der Liebenswürdigkeit und wie säuglingshaft komisch der Zorn, wenn sie sich, von ihrer Wirkung getrennt, hinter der Sperre des Glases befinden!»
Wie dieses Zeugnis belegt, kann man Gwerders Naturschau gewiß nicht als «typisch schweizerisch» interpretieren! In

allen Literaturen gibt es Autoren, die sich ins Detail flüchten. Trotzdem hat Gwerders Detail-Hörigkeit einen spezifisch helvetischen Ausgangspunkt. Seinem Bekenntnis zum «Nebensächlichen», ja zum Winzigen liegen zweifellos auch die von Paul Nizon (in «Diskurs in der Enge», 1970) beklagten «Stoffschwierigkeiten» in der modernen erzählenden Literatur unseres Landes zugrunde. Der «verknorzte» Gwerder litt noch bitterer als seine Landsleute aus der ersten Jahrhunderthälfte unter «Stoffmangel». Seine Arbeiten sind überzeugende Illustrationen zu Nizons Vermutung, daß sich «‹Welt›-Literatur im Sinne von ‹zeitgenössischer› Literatur... aus schweizerischen Alltagsmaterialien..., aus schweizerischen Schicksalen und Figuren und in schweizerischem Milieu nur sehr schwer verfertigen» lasse. Wie Zollinger oder Hohl verkrampfte und verkrümelte sich Gwerder mehr und mehr in seinem Detail-Labyrinth. Gwerders Leidenschaft deformierte sich wie Zollingers Leidenschaft «auf Lokales» (Frisch). Auch Gwerder versucht aus einem harmlosen Hügelchen «einen Vesuv zu machen». Der Mangel an «welthaltigem» Stoff bewirkte, daß sich sein Talent nicht austoben konnte.

Sein ganzes Schaffen, ja sein ganzes Leben war darauf ausgerichtet, die durch diesen Stoffmangel verdichtete Isolation zu sprengen. Im September 1951 fragte er sich allen Ernstes, «ob es (in rein expressiver Hinsicht) nicht besser wäre, man konsumierte Spritzen oder rauchte Marihuana-Zigaretten –: Resultat: ein Bündel Gedichte, die sich sehen lassen könnten – und dann: Abmarsch in die Gefilde der Seligen!» Er fügt unverzüglich hinzu: «Nun, auf so was meldet sich ja immer wieder der Spießer, besorgt um den Bauch, um das Renommee, und zudem ist es üblich, daß man mit einigem Anstand stirbt. Vielleicht auch ein Grund, warum Meisterwerke so selten sind.»

Nun, Alexander Xaver Gwerder hat auch ohne Spritzen- und Marihuana-Konsum «ein Bündel Gedichte» geschrieben, «die sich sehen lassen» können! Ich vermerkte schon, daß er heute als der wichtigste Repräsentant schweizerischer Lyrik in den frühen fünfziger Jahren gilt. Gwerder ist in der Tat der erste moderne Schweizer Poet nach 1945. Bei der Lektüre seiner expressiven Verse muß man freilich einräumen, wie unselbständig er sich vom heutigen Standpunkt aus innerhalb der deutschen Nachkriegs-Lyrik auszunehmen scheint. Der Fall «Gwerder» scheint den Eindruck zu bestätigen, daß die schweizerische Lyrik der ersten Jahrhunderthälfte nur mit Hilfe von importierten schöpferischen Kräften zu existieren vermochte. Es ist ja kein Geheimnis, daß neben der neueren erzählenden Literatur der Schweiz auch die schweizerische Poesie nach C. F. Meyer nicht «ohne Weltanlehnung» (Nizon) auskommt; sie war stets auf thematische und vor allem auf technische «Weltanleihen» angewiesen. So scheinen vollends viele Gedichte in Gwerders Sammlung «Blauer Eisenhut» (1951) nach «unschweizerischen», nach Gottfried Bennschen Rezepten konstruiert zu sein. Der Text «Herbstzeitlos» etwa:

Unter Strahlen, unter Stunden
Spuren nur –, Bewältigung –
Beste Blüte, früh erfunden,
herbstzeitlos –: Erinnerung.

Was wir tun, wird nie verstanden,
was gelingt, ist nie erreicht –
Flüchtig dauern, fremdher stranden,
wasserschwer und aufgeweicht...

Kahle Lichtung, Laub im Winde,
jede Höhe Herbstlandschaft –
Segelnd unterm Zufall –, linde
Lösung –, lieblich zweifelhaft.

Atme –, ach, der Spiele Grenze,
solches Ungeahnt im Hirn –,
steige, falle –, deiner Tänze
Trunkenheit und Duft zu wirr'n.

Was wir tun, wird nie verstanden,
was gelingt, ist Traumgefild –
Später dann in Weihern landen,
sinken in ein Spiegelbild.

Nur wenige Literaturkritiker beachteten den in einem Zürcher Außenseiter-Verlag publizierten Erstling des 28jährigen Alexander Xaver Gwerder. (Wenn man von den im selben Jahr erschienenen Heften «Begegnung» und «Monologe» absieht, blieb der «Blaue Eisenhut» das einzige Buch, das zu seinen Lebzeiten erscheinen konnte.) Auf Interesse stieß die Sammlung erst im Zusammenhang mit der Veröffentlichung des ersten Nachlaß-Bandes «Dämmerklee» (1955). Vor seinem Tod erschien eine einzige nennenswerte Auseinandersetzung mit seinen Versen, eine Rezension Karl Krolows, die Gwerder als «das schönste Geschenk aller Weihnachten» bezeichnete. Mit gutem Grund hält Krolow in dieser Besprechung («Ein junger Schweizer Lyriker» in der «Tat» vom 29. Dezember 1951) fest: «Natürlich ist zu erkennen, einen wie starken Eindruck auf Gwerder Gottfried Benn gemacht hat. Sein rauschhaftes Assoziieren, überhaupt das ‹Gefälle› seiner Sprache, die Fügung von Reim und Rhythmus etwa, ist wieder zu erkennen.» Aus vielen Briefen der letzten Wochen und Monate seines Lebens geht hervor, mit welcher Inbrunst Gwerder den Verfasser der «Statischen Gedichte», der «Ausdruckswelt» und des «Doppellebens» verehrte, ja vergötterte. Man darf sich aber bei der Prüfung der «Eisenhut»-Gedichte nicht um die Tatsache herumdrücken, daß Gwerder das Werk Gottfried Benns erst zu einem Zeitpunkt kennenlernte, als er den Großteil seiner ersten Sammlung schon unter Dach hatte. Das ist vielleicht auf Anhieb kaum zu glauben, da Benns Einfluß gleichsam von Vers zu Vers deutlicher zutage zu treten scheint:

An Inseln spät das Treibgut her:
Tempelsäulenbilder –,
die gelben Schlachten, Mond im Meer,
Totes auf die Schilder!
Und blau ein Reis, ein Opferschwelen
raucht dir Träume zu...
Der Tauben Blut, zerschnitt'ne Kehlen,
Melancholie und du –

Gwerder schrieb solche Verse ohne Benns Schützenhilfe. Am 5. Mai 1951 erst konnte er seiner Brieffreundin Oda Schaefer mitteilen: «Sie schrieben mir einmal von Benn! Nun endlich, vor ca. 14 Tagen, fast durch Zufall, erreichte mich sein Werk! Tatsächlich: Der größte Lebende – man kann ihn gar nicht hoch genug einschätzen.» In Benns Arbeiten fühlt er sich mit einemmal bestätigt und «gerechtfertigt». Er ahnte kaum, daß die fast zu enge Verwandtschaft mit dem «Ptolemäer» seinem Ansehen im Wege stehen könnte. Im Gegenteil. Er jubelte in seinem Brief an Oda Schaefer: «Was verachtet und für verrückt gehalten abseits lag... wird durch ihn legitimiert, und die brachen [sic] Explosionen dürfen sich in offen sichtlichen Bildern zur rücksichtslos eigenen Welt entfalten. Vor allem seine Prosawerke fundieren auf ganz neue Art unser Schwimmbassin – sie entheben uns nicht des Schwimmens, aber sie lassen uns am Grunde ebenso atmen und sein, wie mit dem Rüssel in der Menge... Sehen Sie, ohne Benn hätte ich nie gewagt, diese Verrücktheiten ans Licht zu ziehen.»

Es ist begreiflich, daß Gwerders Verse fast automatisch stets an Benns Versen gemessen und von der literarischen Kritik als mehr oder weniger harmlose epigonale Errungenschaften taxiert wurden. Der kolossale poetische Modeschöpfer Benn stahl dem kleinen Schweizer die Schau. Der «abgeschlossen wie in einem Turm» lebende und arbeitende Gwerder entdeckte aus eigener Kraft literarische Landstriche, die ein anderer Pionier schon vor Jahren entdeckt hatte. Am Beispiel Alexander Xaver Gwerder ließe sich «die für die Schweiz typische Stilverspätung» (Fritz Schaub) auf bewegende Weise vor Augen führen. Damit ist nichts gegen den Nachzügler gesagt! Es wäre ungerecht, einem durchaus originären Talent wie Gwerder aus seiner Scheinabhängigkeit einen Strick zu drehen – einem so ursprünglichen Autor, der schon in seinen frühen Gedichten ein bemerkenswertes Formbewußtsein unter Beweis stellt:

Gewölbe, Schäfte, gotisch Kronen,
auf Gletschern wehrbar Samenspur –
Ans Meer mit Wurzeldepressionen,
halb und halb wie Kreatur –

Zentaurisch jenseits schon zu wohnen,
ohne Wagnis, Götterschwur...
Blieb da nicht ein tiefres Thronen,
als am Busen der Natur?

Stets von Tierangst rings umgangen,
– violett: Akonitin –,
träumerisch in dir gefangen

Drohung, Gegenwart –: so schien
keine Absicht je zu langen
noch zu brechen, noch zu fliehn.

Diese Formtreue verlor ihren Primat in seinen letzten Monaten
und Jahren; sie trat in den Schatten seines politischen Engage-
ments. In diesem Zusammenhang fällt auf, daß sich Benns Einfluß primär in gesellschaftspolitischer Hinsicht auswirkte. Die
Begegnung mit dem saloppen Haderer Benn bestärkte Gwerder
in seinem Zorn auf die «Fallenstellerin Helvetia» – auf eine «so
dubiose Einrichtung mit so fatalen Folgen wie ein Staat». Die
maßlose Wut entwickelte sich zum unheilvollen Haß gegen alle
helvetischen Eigenheiten. So findet er beispielsweise Jodel-
lieder «gräßlich obszön»; sie bringen ihn «bis zum physischen
Brechreiz»: «Ich habe etwas gegen Bauerntölpelei und Ländler-
musik, sowie Gejodel, Bodenständigkeit und Augustfeuer:
Meine Vorfahren waren Bauern.»
In seinen Briefen wimmelt es von Ausfällen gegen die Schweiz,
die für ihn zum Inbegriff geistiger und moralischer Stagnation
wird. Er konstatiert, daß die «sympathische Helvetia... allzu
ahnungslos in ihrer Krankheit» sei; er beobachtet, wie «einerseits mit Veilchen operiert wird und andererseits hinter der Fassade die Miststöcke des Neides den Hof verpesten, durch den
die Stinktiere der Anpassung huschen». Er kommt zum Schluß:
«Sicher aber ist, daß bei uns vor allem den Bedürfnissen des
Bauches gelebt wird; und um als Dichter leben zu können,
müßte man sich zuerst aufhängen – dann ginge es vielleicht, so-
fern man Erspartes hätte, die Begräbniskosten zu bezahlen.»
Und er erregt sich im Essay «Betrifft: Pfahlburg», der bezeichnenderweise «den Landsleuten gewidmet» ist: «Da etwas bis
jetzt gegangen ist, bleibt nicht einzusehen, weshalb es nun
anders werden sollte. Soit! Die literarische Rechthaberei, das
ängstlich und vorsorglich auf ihr eigenes Bohnenbeet bedachte
Besserwissen der Arrivierten verursacht dieses Karussell,
welches sich wohl immer dreht und zuweilen sogar frisch-
lackierte Figuren erspähen läßt, das aber zur sterilen Tradition wurde, von Gnaden – eigentlich und seltsamerweise –
der noch nicht Arrivierten. Denn würden sich die Jungen
nicht mehr anpassen, bliebe die Kirchweih ziemlich plötzlich
stehen.»

Geistige und moralische Stagnation und sterile Tradition offenbaren sich ihm vor allem im Militär, im militärischen Alltag. «Um sich in unserer Zeit wohlzufühlen, muß man Ding oder Soldat sein», schrieb er im Oktober 1951 aus einem militärischen Wiederholungskurs. «Dieser Krieg, den sie mit Militär aufzuhalten trachten, wird sie noch treffen (eine der wenigen Prophezeiungen, die ich wage).» Dem Militarismus und der verhaßten «Masse» gelten letzten Endes denn alle jene Texte, die «verachtet und für verrückt gehalten abseits» lagen und die er erst durch die Existenz von Gottfried Benns gesellschaftskritischen Artikeln legitimiert sah. Erst nach der Begegnung mit Benns Werk wagte er seine im Buch «Land über Dächer» (1959) gesammelten «verrückten Prosagedichte» «ungescheut ans Licht» zu «zerren». Er erinnert sich an seinen ersten Kasernentag, an den «großen Schock» seines Lebens:

Wir standen
im kahlen Vorhof der legitimen Schinderhütte, im Raum
jenseits des Lebens – vor dem ledernen Roulette
der Militärs.
Wer begriff je, daß in der Welt ‹ewiger Werte›,
wo von Kultur gespuckt, von Freiheit gefaselt und
von den süßen Giften des Herzens knien dieselben, die hier,
die höllische Geißel zu schwingen ‹ins Auge uns faßten› –?
Abgeschätzt, sichere Zweihufer, geschoren auf zéro
millimètre, wie der oberste Wanst sich auszudrücken beliebte,
so
standen wir da, vor der Guillotine des Geistes,
den Koffer links in der Hand, um später
den Zivilisten nach Hause zu schicken – später,
wenn man eingestaucht wäre in beißende
Futterale des Vaterlandes... Oh die Gesetze
des Unsinns
zeigten an jenem Tag sich im vollen Wichs. Aber viele
glaubten, es sei eine Sache des Spiels: so viel Zucker
und Zauber war diesen im Alltag; andre hingegen
bekamen Heimweh nach einem Verbrechen, nach einem
blauen gedunsenen Bauch
ohne Uniform.

Ein rebellischer Geist wie Gwerder ist auf die Auseinandersetzung mit der attackierten Außenwelt angewiesen. Diese Auseinandersetzung aber blieb aus. Er sprach «in Watte». Sein kritisches Bewußtsein litt unter der Echolosigkeit, die seinen durchaus diskussionswürdigen Kanonaden gegen die «besser ‹gestellten› Figuren des gesellschaftlichen Schachspiels» zuteil wurde. Der einzige Schweizer, an dem er sich «reiben» konnte, war Erwin Jaeckle (vgl. Erwin Jaeckle: «... verurteilt zur Oberfläche des äußersten Außen / Die Wegspur Alexander Xaver Gwerders» in «Die Tat» vom 9. März 1963). Gwerder wußte es zu schätzen, sich mit einem so angesehenen Politiker wie Jaeckle über politische und militärische Angelegenheiten herumzanken zu können: «Immerhin, in gewissen anderen Ländern würde man versteckt, hätte man derartige Korrespondenzen mit Regierungsmitgliedern.»
Das «Volk der Tellen» aber nahm sein Trommelfeuer gegen die «ruinöse Betriebsamkeit» der «geistigen Schrebergärtner» nicht zur Kenntnis. Sein Haß gegen die «helvetischen Schaum-Schläger» und gegen die «Bänkelsänger auf frommer Tour» erschöpfte sich in originellen Kalauer-Beschimpfungen und in der Mitteilung: «Ich hoffe, mit all dem langsam zur Einsicht Gewordenen den Markt zu verlassen... Der Drang nach Öffentlichkeit ist nämlich allzubald befriedigt, und dann weiß man höchstens von einem Müllhaufen mehr.»
Das Desinteresse, dem sich dieser Autor gegenübersah, erinnert an die Publikumstaubheit, an der Autoren wie Friedrich Glauser, Hans Morgenthaler, Albin Zollinger oder Ludwig Hohl scheiterten. Alexander Xaver Gwerder erscheint heute als der letzte «Ausläufer» in der besonders von Robert Walser geprägten Linie der tragischen Widergänger in der schweizerischen Literatur des 20. Jahrhunderts. Zugleich ist Gwerder der erste Vertreter einer neuen literarischen Epoche, in deren Mittelpunkt heute weit «glücklichere» Altersgenossen wie Friedrich Dürrenmatt, Walter Matthias Diggelmann, Kurt Marti, Rainer Brambach, Otto F. Walter oder Heinrich Wiesner stehen.
Die Mißachtung, auf die Gwerder in der Zeit des Kalten Krieges und der «koreanischen Gaunerei» stieß, ist in unseren Tagen kaum mehr vorstellbar, kaum mehr nachvollziehbar. Kritische Schweizer Autoren werden freilich auch heute noch bisweilen nach Ludwig Erhards Muster als «Pinscher», als

«literarische Gartenzwerge» (Walther Hofer), als «geistige Beatles» («Bund»-Chefredaktor Paul Schaffroth) etikettiert und abgetan. Alexander Xaver Gwerder aber war zu seinen Lebzeiten schlechthin nicht existent. Die Ignoranz der schweizerischen Leserschaft und vor allem auch der schweizerischen Literaturkritik erweist sich im Falle Gwerder als gewalttätig, ja (im wahrsten Sinne des Wortes) als mörderisch. Wie seine letzten – von Hans Rudolf Hilty 1955 unter dem Titel «Dämmerklee» aus dem Nachlaß herausgegebenen – Verse unterstreichen, wurde seine Identität durch die ihn mehr und mehr erdrückende Reserviertheit seiner Umgebung schließlich gleichsam ausgelöscht. In diesen letzten, in sprachlicher und formaler Hinsicht erstaunlich konventionellen Texten kommt er sich «wie schon gestorben» vor. Dem «unter lauter Schatten» gehenden Dichter «fehlen endlich die Worte». Er spürt, «wie mich die Welt vergißt». Seine bis zur letzten Konsequenz getriebene Absage an den Staat, an die «Bürgerlichkeit» mündet in die Verse:

Aber wie sehr ich den Blick auch treibe,
ich komme mir selbst nicht mehr nach –

Nachbemerkung

«Vorstudien» zu einigen Essays erschienen seit den späten sechziger Jahren in Zeitschriften und Zeitungen («Die Weltwoche», «Neue Zürcher Zeitung», «National-Zeitung», «Die Tat», «Frankfurter Rundschau», «Schweizer Monatshefte» usw.). Für die Buchausgabe wurden sie überarbeitet und ergänzt. Es war meine Absicht, einen geistigen Zusammenhang zwischen den einzelnen Beiträgen herzustellen. Sie sollen einen Einblick in die Situation schweizerischer Literatur «nach Keller und Meyer» und «vor Frisch und Dürrenmatt» geben. Ich bin mir bewußt, daß die Reihe der in Einzeldarstellungen behandelten Autoren manchem Leser als unvollständig erscheinen wird. Aus verschiedenen Erwägungen heraus verzichtete ich auf eine spezielle Behandlung etwa von Carl Spitteler, Jakob Boßhart, Maria Waser, Regina Ullmann, Cécile Ines Loos, Felix Moeschlin, Paul Ilg, Meinrad Lienert, Cäsar von Arx, Adrien Turel, Werner Zemp, Max Rychner, Albert Bächtold, R. J. Humm usw. Angesichts zahlreicher guter Arbeiten über Albin Zollinger und den Prosaisten Robert Walser hielt ich es auch nicht für vordringlich, zu diesem Zeitpunkt näher auf die Werke dieser beiden wesentlichen Protagonisten der schweizerischen Literatur vor 1945 einzugehen. Ich lenkte meine Aufmerksamkeit in erster Linie auf die meiner Meinung nach «bedürftigsten» und beispielhaftesten Schweizer Autoren der ersten Jahrhunderthälfte – auf Autoren, die zu Unrecht totgeschwiegen werden oder deren Gesicht heute durch Gerüchtemacherei fast bis zur Unkenntlichkeit entstellt ist.

Basel, im November 1973   D.F.

Biographisches Register und Bibliographie

der in diesem Band ausführlich gewürdigten Autoren.

Die Hinweise auf im Buchhandel erhältliche Werke beziehen sich auf Herbst 1973.

JAKOB BÜHRER, geboren 8. November 1882 in Zürich. Jugend in Schaffhausen. Kaufmännische Lehre. Studienhalber in Berlin, Zürich und Florenz. Redaktor, Mitarbeiter der Neuen Helvetischen Gesellschaft. Freier Schriftsteller in Zürich und Basel. Lebt seit 1935 in Verscio (Tessin). *Roman, Erzählung, Drama, Lyrik, Essay.* Kleine Skizzen von kleinen Leuten, Erzählungen, 1910 – Landrat Broller, Einakter, 1912 – Die schweizerische Theaterfrage, Essay, 1912 – Das Volk der Hirten, Spiele, 1914/1934 – Die Steinhauer Marie, Erzählungen, 1916/1924 – Aus Konrad Sulzers Tagebuch, Roman, 1917 – Toni der Schwämmeler, Erzählungen, 1918/1923 – Didel oder Dudel, Satire, 1918 – Marignano, Drama, 1918 – Horlacher und Kompagnie, 1919 – Brich auf!, Erzählungen, 1921 – Aus Hans Storrers Reisebüchlein, 1921 – Kilian, Roman, 1922 – Zöllner und Sünder, Lustspiel, 1922 – Ein neues Tellenspiel, 1923 – Junger Wein, Erzählungen, 1923 – Die sieben Liebhaber der Eveline Breitinger, Roman, 1924 – Der Kaufmann von Zürich, Drama, 1931 – Man kann nicht, Roman, 1932 – Die Pfahlbauer, Drama, 1932 – Galileo Galilei, Drama, 1933 – Kein anderer Weg?, Drama, 1933 – Brennesseln und Gras, Gedichte, 1933 – Sturm über Stifflis, Roman, 1934 – Das letzte Wort, Roman, 1935 – Im roten Feld, Roman in drei Bänden: Der Aufbruch, 1938/1973, Unterwegs, 1944/1973, Die Ankunft, 1951 – Blick in die Zeit, Essay, 1940 – Zwischen zwei Welten, Erzählung, 1940 – Perikles, Drama, 1940 – Was muß geschehen?, Essay, 1942 – Nationalrat Stöcklis Traum und Wende, Drama, 1943 – Judas Ischariot, Drama, 1944 – Die rote Mimmi, Drama, 1946 – Die drei Gesichte des Dschingis-Khan, Drama, 1951 – Gotthard, Drama, 1952 – Yolandas Vermächtnis, Roman, 1957 – Der dritte Weltkrieg wird nicht abgehalten, Drama, 1960 – Kommt dann nicht der Tag?, Gedichte, 1962 – Eines tut not. Ein Zwiegespräch, Gedichte, 1965 – Hörspiele. *Im Buchhandel:* Im roten Feld (1. und 2. Band), (Verlag Volk und Welt, Berlin)

FRIEDRICH GLAUSER, geboren 4. Februar 1896 in Wien, gestorben 8. Dezember 1938 in Nervi bei Genua. Kindheit in Wien. Gymnasium in der Schweiz. Beginn eines Chemie-Studiums in Zürich. Bekanntschaft mit Hugo Ball, Emmy Hennings und anderen Vertretern des Dadaismus. Übersetzt Werke von Jules Laforgue, Jean Pictus und Léon Bloy. 1921 bis 1923 Fremdenlegion. Dann u.a. Grubenarbeiter in Belgien. Rauschgiftsucht. Aufenthalt in verschiedenen Heilanstalten und Gefängnissen. Gärtner.

Kriminalroman, Erlebnisbericht, Erzählung. Wachtmeister Studer, Kriminalroman, 1936 – Matto regiert, Kriminalroman, 1936 – Im Dunkel, autobiographische Erzählung, 1937 – Die Fieberkurve, Kriminalroman, 1938 – Der Chinese, Kriminalroman, 1939 – Mensch im Zwielicht, autobiographische Aufzeichnungen, 1939 – Gourrama. Roman aus der Fremdenlegion, 1940 – Der Tee der drei alten Damen, Kriminalroman, 1941 – Krock & Co., Kriminalroman, 1941 (Neuausgabe unter dem Titel «Wachtmeister Studer greift ein», 1955) – Beichte in der Nacht. Gesammelte Prosastücke, 1945 – Wachtmeister Studer/Krock & Co./ Die Fieberkurve. Drei Romane (Werkausgabe Band 2), 1969 – Der Tee der drei alten Damen/Der Chinese. Zwei Romane (Werkausgabe Band 3), 1970 – Matto regiert/Erzählungen (Werkausgabe Band 4), 1973.
Im Buchhandel: Werkausgabe (Verlag der Arche).

ALEXANDER XAVER GWERDER (eig. Xaver Josef Gwerder), geboren 11. März 1923 in Thalwil (Kanton Zürich), gestorben 14. September 1952 in Arles (Provence). «Volksschule in Wädenswil und Rüschlikon. Berufslehre wider Willen in Zürich (Offsetkopist) ... dann wohnhaft in Riehen bei Basel ... 1945 nach Zürich.» Offsetkopist in einem graphischen Betrieb in Zürich. Maler, Zeichner. Zu Lebzeiten wenige Publikationen in Zeitschriften und Zeitungen.
Lyrik, Prosa. Begegnung, Gedichte, 1951 – Monologe, Gedichte, 1951 – Blauer Eisenhut, Gedichte, 1951/1972 – Dämmerklee, Gedichte, 1955 – Möglich, daß es gewittern wird, Prosa, 1957 – Maschenriß. Gespräch am Kaffeehaustisch, 1957/1969 – Land über Dächer, Gedichte, 1959.
Im Buchhandel: Dämmerklee – Möglich, daß es gewittern wird – Land über Dächer – Maschenriß – Blauer Eisenhut (Verlag der Arche).

LUDWIG HOHL, geboren 9. April 1904 in Netstal (Kanton Glarus). Verschiedene Auslandaufenthalte (Holland). Seit 1937 in Genf.
Prosa, Essay, Aphorismus. Nuancen und Details I–II, 1939/ III, 1942; Neuausgabe I–III, 1964 – Nächtlicher Weg, Erzählungen, 1943; Neuausgabe 1971 – Vom Arbeiten, Essays, 1943 – Die Notizen oder Von der unvoreiligen Versöhnung, Essays und Aphorismen, I–VI, 1944/VII–XII, 1954 – Von den hereinbrechenden Rändern. Stücke aus dem Werk gleichen Namens, 1951 – Vernunft und Güte, Erzählung, 1956 – Polykrates, Erzählung, 1961 – Wirklichkeiten, 1963 – Daß fast alles anders ist, Prosa, 1967 – Drei alte Weiber in einem Bergdorf, Erzählung (aus Nächtlicher Weg), 1970 – Vom Erreichbaren und vom Unerreichbaren, Auswahl aus Essays und Aphorismen, 1972.
Im Buchhandel: Nuancen und Details (Walter-Verlag) – Nächtlicher Weg (Suhrkamp-Verlag) – Vom Erreichbaren und vom Unerreichbaren (Suhrkamp-Verlag).

MEINRAD INGLIN, geboren 28. Juli 1893 in Schwyz, gestorben 4. Dezember 1971 in Schwyz. Jugend in Schwyz. Studium der Philosophie, Psychologie und Literaturgeschichte in Neuenburg, Genf und Bern. Redaktor. Längerer Aufenthalt in Berlin. Dann freier Schriftsteller in Schwyz.

Roman, Erzählung. Die Welt in Ingoldau, Roman, 1922; Neufassungen 1943 und 1964 – Wendel von Euw, Roman, 1924 – Über den Wassern, Erzählung und Aufzeichnungen, 1925 – Grand Hotel Excelsior, Roman, 1928 – Lob der Heimat, Essays, 1928 – Jugend eines Volkes, Erzählungen, 1933; Neufassung 1948 – Die graue March, Roman, 1935; Neufassung 1956 – Schweizerspiegel, Roman, 1938; Neufassung 1955 – Güldramont, Erzählungen, 1943/1948 – Die Lawine, Erzählungen, 1947 – Werner Amberg, Roman, 1949; Neufassung 1969 – Ehrenhafter Untergang, Erzählung, 1952 – Rettender Ausweg, Anekdoten und Geschichten, 1953 – Urwang, Roman, 1954 – Verhexte Welt, Geschichten und Märchen, 1958 – Besuch aus dem Jenseits, Erzählungen, 1961 – Erlenbüel, Roman, 1965 – Erzählungen I, Sammelband, 1968 – Erzählungen II, Sammelband, 1970.

Im Buchhandel: Die Welt in Ingoldau – Jugend eines Volkes – Die graue March – Schweizerspiegel – Werner Amberg – Ehrenhafter Untergang – Urwang – Verhexte Welt – Besuch aus dem Jenseits – Erlenbüel – Erzählungen I – Erzählungen II (alle Atlantis-Verlag) – Drei Männer im Schneesturm (Verlag Gute Schriften).

SIEGFRIED LANG, geboren 25. März 1887 in Basel, gestorben 25. Februar 1970 in Basel. Philologie-Studium in Basel. Promotion mit einer Arbeit über Ludwig Amandus Bauers Roman «Die Überschwänglichen». Ermunterung durch Stefan George. Als Nachfolger von Norbert von Hellingrath Dozent für deutsche Literatur an der Ecole normale supérieure in Paris. 1914 Rückkehr nach Basel. Bibliothekarassistent. Literaturkritik für die Zürcher «Tat». Übersetzer.

Lyrik, Essay, Übersetzung. Neue Gedichte, 1912 – Verse 1913–14, 1914 – Gärten und Mauern, Gedichte, 1922 – Die fliehende Stadt, Gedichte, 1926 – Versenkungen, Gedichte, 1932 – Elegie, Gedichte, 1936 – Der Engel spricht, Gedicht, 1938 – Lesebuch schweizerischer Dichtung (als Herausgeber), 1938 – Vom andern Ufer. Gesammelte Gedichte in Auswahl 1909–1942, 1944 – Gedichte und Übertragung, 1950 – Übersetzungen aus dem Englischen und Französischen (u. a. Werke von Daphne du Maurier, Henry David Thoreau, Charles Dickens, Emily Brontë, Philippe Diolé, Henry Fielding, Edgar Allan Poe).

Im Buchhandel: Gedichte (in «Basler Texte Nr. 1», Pharos-Verlag, Basel 1968).

HANS MORGENTHALER («Hamo»), geboren 4. Juni 1890 in Burgdorf, gestorben 16. März 1928 in Bern. Studium der Naturwissenschaften an der ETH in Zürich. 1914 Promotion mit einer Arbeit über die Birke. Botaniker, Geologe, Alpinist. 1917 Reise in den siamesischen Dschungel (Zinn- und Goldsucher). Schwere Erkrankung (Malaria). 1920 Heimkehr in die Schweiz. Resignation: «Hungertod in zehn Hinsichten / Haß und Feindschaft einer Welt / Sind für meine Art zu dichten / Der Entgelt.» Sucht in Arosa, Davos und im Tessin vergeblich nach Heilung.

Lyrik, Erlebnisbuch. Ihr Berge. Stimmungsbilder aus einem Bergsteiger-Tagebuch, 1916 – Matahari. Stimmungsbilder aus den malayisch-siamesischen Tropen, 1921 – Ich selbst. Gefühle, 1923 – Woly. Sommer im

Süden, Roman, 1924 – Bilder aus der ältern Geschichte der Stadt Bern, 1924 – Gadscha Puti. Ein Minenabenteuer, 1929 – Das Ende vom Lied. Lyrisches Testament eines Schwindsüchtigen, 1930 – In der Stadt. Die Beichte des Karl von Allmen, autobiographische Aufzeichnungen, 1950 – Totenjodel, Gedichte, 1970.

Im Buchhandel: Totenjodel (Kandelaber Verlag, Bern).

JAKOB SCHAFFNER, geboren 14. November 1875 in Basel, gestorben 25. September 1944 in Straßburg (Opfer eines Bombardements). Sohn eines Gärtners. Nach dem frühen Tod des Vaters Erziehung im Waisenhaus Beuggen. Mißglückte Schusterlehre in Basel. Wanderschaft durch Deutschland, Holland, Belgien und Frankreich. Autodidakt. Besucht Vorlesungen in Basel. Lebt nach 1911 als freier Schriftsteller in Deutschland (Berlin, Weimar, Straßburg). Sympathie für den Nationalsozialismus. Zählt während des «Dritten Reiches» zu den erfolgreichsten deutschsprachigen Autoren. Seine Bücher erschienen zur Hauptsache in den Verlagen S. Fischer, Union Deutsche Verlagsgesellschaft und Paul Zsolnay.

Roman, Erzählung. Irrfahrten, Roman, 1905; Neufassung: Die Irrfahrten des Jonathan Bregger, 1912 – Die Laterne und andere Novellen, 1907 – Die Erlhöferin, Roman, 1908 – Hans Himmelhoch, Briefe, 1909 – Konrad Pilater, Roman, 1910 – Der Bote Gottes, Roman, 1911 – Die goldene Fratze, Novellen, 1912 – Geschichte der Schweizerischen Eidgenossenschaft, 1915 – Das Schweizerkreuz, Novelle, 1916 – Grobschmiede und andere Novellen, 1917 – Der Dechant von Gottesbüren, Roman, 1917 – Frau Stüßy und ihr Sohn, Erzählung, 1918 – Die Weisheit der Liebe, Roman, 1919 – Kinder des Schicksals, Roman, 1920 – Das verkaufte Seelenheil, Novelle, 1920 – Der Schulmeister von Gagern, Erzählung, 1920 – Fragen, Novellen, 1922 – Johannes, Roman, 1922/1952 – Das Wunderbare, Roman, 1923 – Die Mutter, Novelle, 1924 – Die Schürze, Erzählung, 1925 – Brüder, Erzählungen, 1925 – Die Glücksfischer, Roman, 1925 – Die letzte Synode, Novelle, 1925 – Der Kreiselspieler. Berliner Gestalten und Schicksale, 1925 – Das große Erlebnis, Roman, 1926 – Der Kreislauf, Gedichte, 1927 – Verhängnisse, Novellen, 1927 – Festzeiten, Novellen, 1927 – Das verkaufte Seelenheil, Erzählung, 1927 – Föhnwind, Novellen, 1928 – Der Mensch Krone, Roman, 1928 – Die Heimat, Erzählungen, 1929 – Die Jünglingszeit des Johannes Schattenhold, Roman, 1930 – Der lachende Hauptmann, Novelle, 1931 – Die Predigt der Marienburg, Essay, 1931 – Ihr Glück – ihr Elend, drei Frauenromane, 1931 – Wie Gottfried geboren wurde. Eine Keller-Novelle, 1931 – Goethe, der Werdende, Essay, 1932 – Liebe und Schicksal, Novellen, 1932 – Eine deutsche Wanderschaft, Roman, 1933 – Nebel und Träume, Novellen, 1934 – Larissa, Roman, 1935 – Der Luftballon. Gestalten und Schicksale, 1936 – Türme und Wolken. Eine Burgenfahrt, 1937 – Der Gang nach St. Jakob, Erzählung, 1937 – Berge, Ströme und Städte. Eine schweizerische Heimatschau, 1938 – Kampf und Reife, Roman, 1939 – Schicksalsweg des deutschen Volkes, 1940 – Bekenntnisse, Gedichte, 1940 – Das Liebespfand, Roman, 1942 – Das kleine Weltgericht, Drama, 1943 – Das Tag- und Nachtbuch von Glion. Ein Toten-

opfer, 1943 – Zahlreiche Essays, politische Studien und Ansprachen, Reise- und Landschaftsschilderungen usw.
Im Buchhandel: Johannes (Verlag der Arche) – Die Kindheit des Johannes Schattenhold (Verlag Gute Schriften)

ALBERT STEFFEN, geboren 10. Dezember 1884 in Murgenthal (Kanton Bern), gestorben 13. Juli 1963 in Dornach. «Ich war vom Lande, aus der Sekundarschule von Langenthal, in das Literarische Gymnasium nach Bern gekommen und hatte bisher wenig aus den Büchern, aber viel aus den Berufen erfahren, die sich auf die Häuser des Dorfes verteilten, in welchem mein Vater als Arzt wirkte.» 1904 Studium der Medizin und der Naturwissenschaften in Lausanne. 1905/1906 Studium der Soziologie und Geschichte in Zürich. Übersiedlung nach Deutschland (1906 nach Berlin; 1908–1920 in München). Begegnung mit Rudolf Steiner. Seit 1920 in Dornach. 1921 Redaktor der von Rudolf Steiner gegründeten Wochenschrift «Das Goetheanum». 1923 stellvertretender Vorsitzender der Allgemeinen Anthroposophischen Gesellschaft. Leiter der Sektion für Schöne Wissenschaften an der Freien Hochschule für Geisteswissenschaft «Goetheanum» in Dornach. Nach Rudolf Steiners Tod (1925) Vorsitzender der Allgemeinen Anthroposophischen Gesellschaft. 1928 Gründung des Verlages für Schöne Wissenschaften in Dornach, wo Steffens Werke bis heute betreut werden. Seine früheren Arbeiten erschienen in den Verlagen S. Fischer, Berlin und Grethlein & Co., Zürich und Leipzig. *Lyrik, Roman, Novelle, Skizze, Drama, Essay.* Ott, Alois und Werelsche, Roman, 1907 – Die Bestimmung der Roheit, Roman, 1912 – Die Erneuerung des Bundes, Roman, 1913 – Der rechte Liebhaber des Schicksals, Roman, 1916 – Der Auszug aus Ägypten / Die Manichäer, Dramen, 1916 – Sibylla Mariana, Roman, 1917 – Die Heilige mit dem Fische, Novellen, 1919 – Das Viergetier, Drama, 1920 – Wegzehrung, Gedichte, 1921/1927 – Die Krisis im Leben des Künstlers, Essays, 1922 – Kleine Mythen, Skizzen, 1923 – Pilgerfahrt zum Lebensbaum, Skizzen, 1924 – Hieram und Salomo, Drama, 1925 – Der Künstler zwischen Westen und Osten, Essays, 1925 – In Memoriam Rudolf Steiner, 1925 – Begegnungen mit Rudolf Steiner, 1926/1955 – Der Chef des Generalstabs, Drama, 1927 – Der Sturz des Antichrist, Drama, 1928 – Der Künstler und die Erfüllung der Mysterien, Essays, 1928 – Lebensgeschichte eines jungen Menschen, Roman, 1928 – Wildeisen, Roman, 1929 – Mani. Sein Leben und seine Lehre, Essay, 1930 – Gedichte, 1931 – Sucher nach sich selbst, Roman, 1931 – Lebenswende, Novellen, 1931 – Goethes Geistgestalt, Essays, 1932 – Das Todeserlebnis des Manes, Drama, 1934 – Adonis-Spiel. Eine Herbstesfeier, Drama, 1935 – Dramaturgische Beiträge zu den Schönen Wissenschaften, 1935 – Der Tröster, Gedichte, 1935 – Friedenstragödie, Drama, 1936 – Conrad Ferdinand Meyers lebendige Gestalt, Rede, 1937 – Merkbuch, Skizzen, 1937 – Im andern Land/In another land, Gedichte, 1937 – Buch der Rückschau, Skizzen, 1938 – Fahrt ins andere Land, Drama, 1938 – Lebensbildnis Pestalozzis, Essay, 1939 – Pestalozzi, Drama, 1939 – Passiflora. Ein Requiem für Felicitas, Gedichte, 1939 – Selbsterkenntnis und Lebensschau, Skizzen, 1940 – Frührot der Mysteriendichtung, Essays, 1940 – Geistige Heimat, Essays, 1941 – Wach

auf, du Todesschläfer, Gedichte, 1941 – Auf Geisteswegen, Essays, 1942 – Märtyrer, Drama, 1942 – Der Genius des Todes, Essays, 1943 – Ruf am Abgrund, Drama, 1943 – Epoche, Gedichte, 1944 – Krisis, Katharsis, Therapie im Geistesleben der Gegenwart, Essays, 1944 – Vorhut des Geistes, Essays, 1945 – Karoline von Günderrode, Drama, 1946 – Wiedergeburt der Schönen Wissenschaften, Essays, 1946 – Novellen, 1947 – Spätsaat, Gedichte, 1947 – Mysterienflug, Essays, 1948 – Barrabas, Drama, 1949 – Geist-Erkenntnis/Gottes-Liebe, Essays, 1949 – Aus Georg Archibalds Lebenslauf und nachgelassenen Schriften, Roman, 1950 – Aus der Mappe eines Geistsuchers, Skizzen, 1951 – Am Kreuzweg des Schicksals, Gedichte, 1952 – Alexanders Wandlung, Drama, 1953 – Oase der Menschlichkeit, Roman, 1954 – Krankheit nicht zum Tode, Gedichte, 1955 – Altmanns Memoiren aus dem Krankenhaus, Roman, 1956 – Brennende Probleme, Essays, 1956 – Lin, Drama, 1957 – Sinngebung der menschlichen Existenz durch die Kunst, Essay, 1958 – Dreiunddreißig Jahre, Roman, 1959 – Dichtung als Weg zur Einweihung, Essays, 1960 – Steig auf den Parnaß und schaue, Gedichte, 1960 – Gedenkbilder für Elisabeth Steffen, 1961 – Elisabeth Steffen: Selbstgewähltes Schicksal. Mit Gedenkworten von Albert Steffen, 1961 – Die Mission der Poesie, Roman, 1962 – Lebensbilder an der Todespforte, Skizzen, 1963 – Reisen hüben und drüben, Skizzen, 1963 – Im Sterben auferstehen, Gedichte, 1964 – Im Gedenken an Otto Rennefeld, Essays und Gedichte, 1965 – Dante und die Gegenwart, Essays, 1965 – Gegenwartsaufgaben der Menschheit, Essays, 1966 – Weihnachtsbilder, Essays, 1966 – Geist-Erwachen im Farben-Erleben, Skizzen, 1968.
Im Buchhandel: Alle Werke (Verlag für Schöne Wissenschaften, Dornach).

John Fred Vuilleumier, geboren 1. Dezember 1893 in Basel. Studium der Rechte in Basel, Genf, Berlin und Zürich. Dr. iur. Von 1919 bis 1962 viele Reisen. Zwölf Jahre Paris (Korrespondent der «National-Zeitung»), zehn Jahre New York. Studium des Strafvollzugs in den USA und in Europa. Freier Schriftsteller in Renan (Berner Jura), heute in Basel.
Roman, Erzählung, Drama, Feuilleton. Wir alle, Essay, 1920 – In falschen Händen, Essay, 1921 – Die Verteidigung, Erzählung, 1924 – Carl Christophs grüne Fassade, Erzählungen, 1927 – Cantor im Kaleidoskop, Roman, 1930 – Hilli, Hildebrand und Er, Roman, 1932 – Der Strom, Roman, 1936 – Sie irren, Herr Staatsanwalt, Roman, 1937/1962 – Steven Madigan, Roman, 1941 – Das Haus im Regen, Roman, 1943 – Die dreizehn Liebhaber der Jeannette Jobert, Roman, 1943 – Pax-Hotel, Drama, 1943 – Die Sendung der Kate Bigler, Roman, 1944 – Die Goldfliege, Roman, 1945 – Der Gast, Erzählung, 1946 – Irving Potter, Roman, 1946 – Das Stichwort, Roman, 1947 – Die vom Berg, Roman, 1947 – Keines schlief in dieser Nacht, Erzählung, 1950 – Muramur oder Die Fahrt ins Zwielicht, Roman, 1951 – Die Hexe von Montmartin, Roman, 1952 – Der Stern im Süden, Erzählung, 1953 – Tropische Rhapsodie, Erzählung, 1954 – Palazzo Albizzi, Drama 1956 – Sträfling 9669, 1956 – Die Welt des Wudi Waltisch, Roman, 1957 – Die Stunde der Line Latour, Roman, 1957/1964 – Nebel am Mittag, Roman, 1957 – Auf den Spuren Sindbads,

des Seefahrers, Reisebericht, 1959 – Jeder Zoll ein König. Eine Phantasie, 1960 – Ursule Lion. Bilder aus dem Freiheitskampf der Freiberger um 1740, 1964 – Lincoln–Kennedy. Eine tragische Parallele, 1965 – Der ovale Spiegel, Prosastücke, 1967 – Der letzte Tunnel, Roman, 1970 – Die Einsamen, Erzählung, 1970 – Übersetzungen aus dem Englischen (u. a. James Stephens: The Demi-Gods/Vagabunden, Engel und Dämonen, 1964).

Im Buchhandel: Der Gast – Keines schlief in dieser Nacht – Auf den Spuren Sindbads, des Seefahrers (alle Verlag Gute Schriften) – Der ovale Spiegel (Verlag Jeger-Moll, Breitenbach) – Der letzte Tunnel (Walter-Verlag).

ROBERT WALSER, geboren 15. April 1878 in Biel, gestorben 25. Dezember 1956 in Herisau. «Walser... besuchte bis zum 14. Altersjahr die Schule und erlernte hierauf das Bankfach, reiste siebzehnjährig fort, lebte in Basel... und in Stuttgart... Nach Ablauf eines Jahres wanderte er über Tübingen, Hechingen, Schaffhausen usw. nach Zürich, arbeitete bald im Versicherungs-, bald im Bankwesen, wohnte sowohl in Außersihl wie auf dem Zürichberg und schrieb Gedichte, wobei zu sagen ist, daß er dies nicht nebenbei tat, sondern sich zu diesem Zwecke jedesmal zuerst stellenlos machte, was offenbar im Glauben geschah, die Kunst sei etwas Großes. Dichten war ihm in der Tat beinah heilig. Manchem mag das übertrieben vorkommen... Um sein Leben zu fristen, schrieb er teils in der Schreibstube für Stellenlose oder diente als eine Art Mädchen für alles in einer Villa am Zürichsee... Mit wenigen Mitteln reiste er jetzt ins Deutsche, und einige meinen, er wäre gräflicher Bedienter gewesen. Indessen steht bloß fest, daß er Sekretär der Berliner Sezession war, zwar nicht lang, weil sich's herausstellte, er eigne sich besser zum Schreiben und Erleben von Romanen. Er schrieb deren drei, nämlich ‹Geschwister Tanner›, ‹Der Gehülfe›, ‹Jakob von Gunten›, verfaßte zahlreiche kleinere oder größere Studien, Skizzen, Geschichten, lebte dermaßen zirka sieben Jahre in Berlin, reiste hierauf heim und ließ sich in Biel nieder.» (Aus «Robert Walsers Lebenslauf. Erzählt von ihm selber», 1920/21.) 1913–1920 in Biel. Militärdienst. Häufiger Stellenwechsel. Alkohol. 1929 bis 1933 Heil- und Pflegeanstalt Waldau bei Bern. Ab 1933 Heil- und Pflegeanstalt Herisau. Seine «Gedichte» (1909) erschienen im Verlag Bruno Cassirer, Berlin.

Lyrik: Gedichte, 1909; Neuausgabe 1944 – Unbekannte Gedichte, 1958 – Gedichte und Dramolette, 1971.

Im Buchhandel: Gedichte und Dramolette (Das Gesamtwerk, Band XI, Verlag Helmut Kossodo).

OTTO WIRZ, geboren 3. November 1877 in Olten, gestorben 2. September 1946 in Gunten am Thunersee. Gymnasium in Donaueschingen. Studium am Technikum Winterthur und an den Technischen Hochschulen in München und Darmstadt. Diplom als Elektroingenieur. Ausbildung zum Artillerie-Instruktor. 1904 als Assistent (Turbinenbau) wieder an die Darmstädter Hochschule. 1907/1908 Konstrukteur bei Escher Wyß in Zürich. 1908–1926 technischer Experte am Eidgenössischen Patentamt in Bern. Freundschaft mit Albert Einstein. Musikkritiken für den «Bund» und die «Schweizerische Musikzeitung». Von schwankender Gesundheit (Tuberkulose, Herzkrisen, Depressionen). 1926 vorzeitige Pensionierung. Übersiedlung nach Zürich; später nach Gunten am Thunersee. Seine Arbeiten erschienen größtenteils bei J. Engelhorns Nachf. in Stuttgart.

Romane, Erzählungen, Theoretische Schriften. Gewalten eines Toren, Roman, 1923/1969 – Novelle um Gott, 1925 – Die geduckte Kraft, Roman, 1928 – Das magische Ich, Essay, 1929 – Prophet Müller-zwo, Roman, 1933 – Späte Erfüllung, Roman, 1936 – Lüthi, Lüthi & Cie (ursp. Der Holländer, eine köstliche Geschichte aus Großvaters Zeit), 1936 – Rebellion der Liebe, Roman, 1937 – Maß für Maß, Romankapitel (aus Rebellen und Geister), 1943 – Der Eisenbrecher, Erzählung, 1959 – Rebellen und Geister, Roman, 1965 – Verschiedene Erzählungen, Feuilletons und Gedichte in Zeitschriften und Zeitungen. Religionsphilosophische Abhandlungen («Das Religiöse», 1933; «Von Objektivität und Christentum», Manuskript; «Über Religion», Manuskript). Ballistische Studien.

Im Buchhandel: Rebellen und Geister (Verlag Huber, Frauenfeld) – Gewalten eines Toren (Verlag Huber, Frauenfeld).

Von der konsultierten allgemeinen Literatur sind folgende Bücher hervorzuheben:

Eduard Korrodi: «Schweizerische Literaturbriefe», Frauenfeld und Leipzig 1918.

Robert Faesi (Herausgeber): «Anthologia Helvetica. Deutsche, französische, italienische, rätoromanische und lateinische Gedichte und Volkslieder», Leipzig 1921.

Robert Faesi: «Gestalten und Wandlungen schweizerischer Dichtung», Zürich 1922.

Eduard Korrodi: «Schweizerdichtung der Gegenwart», Leipzig 1924.

Josef Nadler: «Literaturgeschichte der deutschen Schweiz», Leipzig und Zürich 1932.

Emil Ermatinger: «Dichtung und Geistesleben der deutschen Schweiz», München 1933.

Jean Moser: «Le Roman contemporain en Suisse allemande. De Carl Spitteler à Jakob Schaffner» (avec une bibliographie du roman de 1900 à 1933), Lausanne 1934.

Siegfried Lang (Herausgeber): «Lesebuch schweizerischer Dichtung», Zürich 1938.

Albert Bettex: «Die Literatur der deutschen Schweiz von heute», Olten 1949.

Albert Bettex: «Spiegelungen der Schweiz in der deutschen Literatur 1870 bis 1950», Zürich 1954.

Hans Bänziger: «Heimat und Fremde. Ein Kapitel ‹Tragische Literatur-geschichte› in der Schweiz: Jakob Schaffner, Robert Walser, Albin Zol-linger», Bern 1958.

Max Wehrli: «Gegenwartsdichtung der deutschen Schweiz» (in «Deutsche Literatur in unserer Zeit»), Göttingen 1959.

E. Max Bräm: «Dichterporträts aus dem heutigen Schweizer Schrifttum», Bern 1963.

R. J. Humm: «Bei uns im Rabenhaus. Aus dem literarischen Zürich der Dreißigerjahre», Zürich 1963.

Werner Günther: «Dichter der neueren Schweiz», Bern 1963 und 1968.

Karl Schmid: «Unbehagen im Kleinstaat», Zürich 1963.

Werner Weber: «Tagebuch eines Lesers. Bemerkungen und Aufsätze zur Literatur», Olten 1965.

Kurt Marti: «Die Schweiz und ihre Schriftsteller – die Schriftsteller und ihre Schweiz», Zürich 1966.

Guido Calgari: «Die vier Literaturen der Schweiz», Olten 1966.

Karl Schmid: «Zeitspuren. Aufsätze und Reden» (II. Band), Zürich 1967.

Jean R. von Salis: «Schwierige Schweiz», Zürich 1968.

Friedrich Witz: «Ich wurde gelebt. Erinnerungen eines Verlegers», Frauenfeld 1969.

Paul Nizon: «Diskurs in der Enge. Aufsätze zur Schweizer Kunst», Bern 1970 und Zürich 1973.

Werner Weber: «Forderungen. Bemerkungen und Aufsätze zur Literatur», Zürich 1970.

Namenregister